# A ARTE DE
# Ser Mulher

# Véronique Vienne

*Com ilustrações de Ward Schumaker*

# A ARTE DE

# Ser Mulher

*o jeito francês de viver a vida, amar
e se divertir no dia a dia*

*Tradução*
*Melania Scoss*

**SEOMAN**

*A todas as minhas amigas norte-americanas que, sem exceção, têm sido grandes mestras.*

# Agradecimentos

EU SEMPRE SOUBE QUE PEDIRIA a Ward Schumaker para ilustrar este livro, pois ele é o tipo de homem que olha para as mulheres com um misto de admiração e descrença — assim como eu. Nossa colaboração nos proporcionou uma oportunidade preciosa de explorar aquilo que nossas visões têm em comum. Único homem envolvido em um projeto concebido para mulheres e por mulheres (a equipe de apoio na editora Clarkson Potter é inteiramente feminina), Ward nos fez sorrir muitas vezes com sua espirituosa interpretação da beleza feminina.

Dentre as inúmeras mulheres que me auxiliaram está, em primeiro lugar, minha agente Helen Forson Pratt, uma crítica perspicaz e uma defensora fiel. Este livro também marca os dez anos de minha associação com o pessoal da Clarkson Potter; alguns eu conheço muito bem, outros trabalham nos bastidores, mas todos são aliados absolutamente confiáveis: Lauren Shakely, Pam Krauss, Doris Cooper, Elissa Altman, Marysarah Quinn, Maggie Hinders, Sibylle Kazeroid e Alison Forner.

Também quero agradecer aos amigos e membros da minha família que me deram uma recepção afetuosa: meu marido, Bill Young; minha filha, Jeanne Lipsey; e os espíritos afins, Peggy Roalf, Nancy Cohen e Phyllis Cox.

# Sumário

## Prefácio

Nós, mulheres, somos as provedoras da alegria. Podemos, com nossa simples presença, iluminar o dia. O simples ato de nos observar aproxima um grupo de estranhos em um restaurante, um ônibus ou um elevador. Quando nos sentimos bem, em poucos segundos todo mundo ao nosso redor sente-se um pouco melhor. Nosso contentamento é contagioso. Com um olhar, fazemos com que os homens fiquem mais aprumados; com um sorriso, ajudamos as outras mulheres a respirar melhor. A arte de ser mulher é a arte de elevar o espírito dos outros.

Sem dúvida, por sermos tradicionalmente as doadoras de vida (não apenas trazemos os bebês ao mundo, somos também as nutridoras de todos aqueles que necessitam de cuidados), recai sobre nós a tarefa de lembrar às pessoas que elas têm sorte por estar vivas.

Francamente, há dilemas piores. Pensando bem, nada há de errado em ser a pessoa que faz uma criança dar gargalhadas, um amigo rir ou um colega ficar feliz. O truque é fazer isso sem esforço algum, sem outro motivo que não seja divertir-se imensamente.

Apesar de parecer tão sem valor hoje em dia, a vida no planeta Terra é cheia de surpresas maravilhosas, e a menor delas não é o fato de as mulheres serem frequentemente estas pessoas maravilhosas — fortes, corajosas, generosas, bonitas. E acontece que você — sim, *você* — é uma delas! Esse simples reconhecimento é tudo o que você precisa para sentir o tipo especial de alegria que os franceses chamam de *joie de vivre* — alegria de viver.

É a alegria de ter nascido mulher; é a alegria de saber o que significa amar; é a alegria de ter o dom do riso.

Tudo isso leva você a admitir que é afortunada por ser quem é. Você não acredita que haja outro alguém dentro de sua cabeça, acredita? Quem mais teria o seu louco senso de humor, sua inexplicável habilidade de descobrir a próxima tendência, sua flexibilidade mental, seu talento para sair com o cara errado e sua infinita compaixão por cães velhos e desamparados?

A maioria de nós não aprecia suficientemente as qualidades que possui. Praticamos a autodepreciação como se ela fosse uma virtude. Mas, citando Nelson Mandela: "O fato de você se diminuir não ajuda o mundo. Nada há de racional em se encolher para que as outras pessoas não se sintam inseguras". Tome essas palavras ao pé da letra e deixe que sua própria luz brilhe!

Estar contente por ser mulher é uma arte. Para aprendê-la, você precisa estar disposta a abrir mão de suas dúvidas sobre si mesma e reconhecer seus dons e talentos inatos. Este livro foi escrito para fazer exatamente isto: convencê-la a tratar sua vida com carinho e aceitar a alegria, que é seu direito inato.

Como uma francesa que viveu a maior parte de sua vida adulta nos Estados Unidos, tenho a vantagem de ser capaz de unir a *joie de vivre* com a busca da felicidade — uma combinação poderosa. Neste guia para o amor e o riso no dia a dia, espero que você encontre, como eu encontrei, o melhor de ambos os mundos.

.1.

## Você

(UM PEQUENO ESTÍMULO)

Você faz uma afirmação enérgica e cheia de vida quando não pede desculpas por ser quem é. Realmente, ver uma mulher sustentar uma situação é um prazer; sua demonstração de perspicácia é o tipo de espetáculo que faz a gente sentir que, apesar de tudo, há esperanças para a humanidade.

Quando você age com cuidado e não assume riscos, contudo, o Universo torna-se um pouco mais maçante.

O papel da mente em assegurar a felicidade é geralmente subestimado. Nos Estados Unidos, somos gratificados mais por nossas realizações do que por nossas ideias. No entanto, para mim e para você, há melhores maneiras de usar nossa destreza mental do que resolver palavras cruzadas. Minimizar nossa inteligência é nos enganarmos a respeito de uma das mais excepcionais formas de gratificação legalmente disponíveis: ser um livre-pensador.

Os franceses, em comparação, obtêm um enorme prazer ao decifrar as coisas; sua abordagem cartesiana é, para eles, uma fonte de infinita satisfação. Apesar de sua famosa *joie de vivre* ser uma emoção, até onde lhes diz respeito, a origem dela está no cérebro. É uma breve e inesperada sensação prazerosa, como a risada que você dá quando capta inteiramente o impacto de uma piada, ou como o deleite que você sente ao perceber o elegante absurdo de um paradoxo.

## Descartes deveria ter dito: "Penso, logo me sinto vivo!"

Muitas de nós receamos lidar com o fato de que conseguimos dar de dez a zero na outra metade do mundo. Advertidas pela escritora Dorothy Parker, "os homens raramente abrem passagem / para garotas que usam óculos", nós abrimos mão estrategicamente da nossa inteligência em público a fim de não subjugar ou intimidar nosso acompanhante.

*Use sua cabeça, e seu coração a seguirá.*

O charme não substitui a inteligência. Voz melosa, relutância em estabelecer contato visual, linguagem corporal incansável, lábios fazendo biquinho, brincar com uma mecha de cabelo, jogar para o lado a longa cabeleira? Isso não engana ninguém. Uma mulher impressiona mais quando põe de lado sua modéstia intelectual e seus maneirismos autodepreciativos, e exibe seu intelecto em plena luz do dia.

Você é essa mulher quando decide expressar sua opinião durante um encontro e as palavras que saem de sua boca são inteligentes, sinceras e persuasivas.

Você é ela quando ultrapassa um carrão em uma longa reta de estrada — pé na tábua, cabelos ao vento, sem pensar em nada e olhar fixo no horizonte.

Você é ela quando explica a seu pai como comprar uma passagem aérea pela internet e, no final da conversa, ele diz "eu te amo".

E você é ela quando olha sua imagem no espelho pela manhã com uma expressão de tácita cumplicidade no olhar, e eleva seu rímel no ar como se estivesse prestes a fazer um brinde.

Portanto, use sua cabeça, e seu coração a seguirá.

.2.

# as outras mulheres

## (UM MANUAL BÁSICO DE AUTOESTIMA)

ENTRE as mulheres há um vaivém de admiração silenciosa, cada olhar furtivo reforçando as qualidades únicas que faz de nós quem somos. Ao longo do dia, que pode ser mais bem descrito como uma grande festa de confraternização, observamos sem cessar umas às outras, verificando cada detalhe subliminar da moda, absorvendo inúmeras dicas sobre cabelo e maquiagem, e avaliando, com olhar clínico, o que funciona e o que não funciona no vestuário.

Aquilo que algumas de nós talvez encarem como competitividade feminina é, de fato, um processo contínuo de aprendizado. Chamá-lo de ciúme ou inveja é equivocado. Admito que as mulheres pareçam ávidas em sua busca pelo tipo de informação que poderia aliviar alguma dúvida persistente em sua psique. Mas o motivo que as leva a investigar minuciosamente os dados codificados que estão embutidos na aparência física de outras pessoas é essencialmente um desejo subconsciente de autoconhecimento, não um ímpeto primordial de sobrepujar rivais em potencial e eliminá-las.

De fato, não é preciso muita coisa — apenas uma pequena mudança mental — para ver as outras mulheres como as mestras que realmente são, em vez de ferozes competidoras, como às vezes são retratadas. Você pode mudar para sempre sua maneira de encarar as outras mulheres ao buscar sistematicamente a companhia dos membros do sexo frágil durante um curto período de tempo e desafiar ativamente sua suposição de que as muitas qualidades delas são uma ameaça ao seu ego.

Se precisar, reserve uma semana para se mimar e ser autoindulgente. Faça uma parada no salão de beleza para fazer as unhas, lavar e secar os cabelos. Explore as lojas da moda. Perca-se entre as bancas da feira de artesanato a céu aberto. Cronometre um tempo na esteira de alguma academia superlotada ou, se não estiver com humor para entrar em roupas de elastano, frequente um barzinho durante o *happy hour*.

Observe com que rapidez e eficiência você absorve as lições de suas mentoras involuntárias. Esta mulher mantém uma postura demonstrando segurança? Esta outra salta do táxi com a destreza de um gato? E ainda esta outra consegue derreter um *iceberg* com seu sorriso juvenil? Desfrute disso tudo como se cada característica agradável que observa nas outras mulheres fosse uma mensagem em código a ser decifrada e usada por você para desenvolver suas próprias aptidões e talentos.

Acredite que o ciúme das mulheres é curiosidade feminina, um desejo impulsivo de aprender o máximo possível de coisas.

Pensar que as outras mulheres são uma fonte de inspiração é surpreendentemente satisfatório — e prático também. Para usufruir desse reservatório comum de conhecimentos que as mulheres partilham entre si, tudo o que você precisa fazer é sair de casa. Acomode-se no balcão de uma lanchonete lotada e peça um sanduíche natural, fique na fila de uma agência de correio ou circule por um *playground*, entre as mamães e babás. Aí você as encontrará, em toda a sua diversificada feminilidade! Cada mulher, um modelo perfeito; cada uma, um exemplar em seu próprio e inimitável modo de ser.

Pessoas observando, um passatempo popular em qualquer lugar do mundo, é mais que um simples entretenimento. Por reforçar o senso comunitário, isso traz à tona o artista que há em todos nós. Em cafés, restaurantes, mercados, parques ou estádios, tanto os homens como as mulheres exibem igualmente suas imagens públicas favoritas diante de um grupo de espectadores argutos cuja aprovação — ou desaprovação — todos nós buscamos.

Mas as qualidades que admiramos nas mulheres, diferentemente das qualidades que admiramos nos homens, não precisam ser espetaculares para ser atraentes. Em vez da loira estonteante, a mulher que realmente fascina você em um recinto lotado não é provavelmente a mais bonita ou a mais bem vestida, mas aquela especialmente graciosa cujo comportamento desperta de alguma maneira a sua curiosidade.

Apreciar virtudes ocultas em outras mulheres ensinará você a valorizar suas próprias qualidades, e a menor dessas qualidades não é sua habilidade de destacar a grandeza das pessoas comuns. O que seria melhor para encorajar sua autoestima do que confiar no próprio discernimento? Você sabe que crescer como mulher não é uma tarefa fácil, portanto aplauda a coragem e o trabalho duro, e aprecie a garra de qualquer mulher que tenha vivido tempo suficiente para se tornar um ser humano honrado.

É preciso ser para reconhecer — é preciso ser uma grande mulher para detectar a grandeza em outra mulher. Toda vez que você notar algo de que gosta em outra mulher, esteja certa de que essa mesma qualidade existe em você.

Com efeito, por que não assumir que, em dado momento, seu valor intrínseco é igual à soma total das qualidades que você admirou abertamente em outras mulheres durante as ultimas doze horas?

**A gratidão que sentimos quando aclamamos os outros é um dos mistérios mais contraditórios do coração humano.**

Por que é tão agradável aplaudir em pé o desempenho de um artista? Será que você nunca invejou as pessoas que atiraram flores para uma diva, fazendo com que ela agradecesse? E será que você não adorou aplaudir um colega de trabalho ao final de sua excelente apresentação? A maioria de nós odiaria perder a oportunidade de festejar o sucesso de alguém que você admira. Curiosamente, congratular alguém que admiramos conforta nossa alma.

Como o moralista francês La Rochefoucauld comentou há séculos: "Não sentiríamos tanto prazer na vida se refreássemos nossos elogios".

Até agora, em nossa cultura, os homens vêm desfrutando de uma quase exclusividade quando se trata de elogiar as mulheres (sem contar os elogios muito populares entre amigas: "hoje você está um arraso"). Por que os homens ficam com todas as glórias e a maioria dos benefícios psicológicos resultantes dos elogios às mulheres, por conta das conquistas, bem como pela beleza delas? Não há uma razão válida para que você e eu não façamos o mesmo e encorajemos nossos próprios egos ao dizermos a uma amiga, colega, sobrinha ou cunhada que pessoa maravilhosa ela é para nós.

Não estou sugerindo que você diga coisas poéticas sobre a aparência dela. Veja além da fachada. Você pode dizer-lhe, por exemplo, que gostaria de ter a metade da inteligência dela quando se trata de política, bolsa de valores ou administração financeira.

Se estiver em um estado de humor expansivo, glorifique, num só fôlego, seu talento natural para a moda, sua habilidade para as negociações e sua extraordinária gentileza. Ou livre-se de todos os impedimentos e louve impunemente as várias qualidades dela: o discernimento, o brilhantismo, a habilidade matemática, a liderança, a personalidade vencedora e as adoráveis sardas.

**A grandeza que você celebra em todas as mulheres (não apenas em algumas delas) é a qualidade que a torna grande.**

Apesar de ser válido, o conceito de irmandade feminina frustra-nos por não reconhecer o fato de que todas as mulheres, independentemente de suas circunstâncias, têm algo de único para compartilhar com as outras. O termo "irmandade feminina" não é suficientemente inclusivo; sugere mais um clube que uma espécie; um clã, em vez de uma tribo. Não faz justiça à vasta rede de neurônios acesos que liga a babá do seu filho à matrona que é motorista do ônibus escolar dele, e que liga a moça do caixa da mercearia, que está grávida, à primeira mulher do segundo marido dela.

Esforçar-se para encontrar qualidades a serem celebradas em cada mulher, quer seja uma desastrada mãe de trigêmeos ou uma comissária de bordo formal e respeitável, é a ocasião para você ampliar sua imaginação. Descubra que específico *je ne sais quoi*, "não sei quê", transforma-a em um ser humano atraente, e perceba como você se torna mais atraente como resultado disso. Sua própria autoestima ganha um empurrão à medida que você nota os grandes olhos castanhos dela, que brilham como lanternas, ou as feições bonitas e fatigadas, suavizadas por anos de cuidados para com os outros.

*Imagine-a capaz de algum ato*
*memorável de bravura.*

Portanto, em vez de desperdiçar uma energia valiosa questionando se determinada mulher merece seus elogios, assuma que ela é alguém cuja história de vida pode muito bem ser uma maravilhosa narrativa sobre a coragem e o altruísmo. Dê uma segunda olhada e imagine-a capaz de algum ato memorável de bravura.

Você nunca sabe: a mulher sentada ao seu lado talvez abrigue a alma mais extraordinária do mundo.

Lembre-se disso na próxima vez em que você se sentir tentada a criticar a maneira como uma mãe mima demais seu filho, por exemplo. Seja menos severa quando perceber que está olhando de modo desaprovador para uma adolescente que exibe a cintura tatuada. E não inveje a mulher da sua turma de yoga que se vangloria pelo fato de conseguir se torcer igual a um *pretzel*. Faça um sinal de positivo para todas as mulheres (mesmo para a agressiva vendedora de cosméticos com voz adocicada). Não faça exceções. Torne-se a autodesignada defensora de todas as heroínas não celebradas.

.3.

# amizade

ATUALMENTE, as amigas estão dando umas às outras permissão para envelhecer. Permissão para envelhecer? Isso mesmo. Permissão para ter cabelos brancos, linhas de expressão — e uma imagem fabulosa.

E enquanto ainda estamos no tópico permissões concedidas por mulheres a mulheres, acrescentemos a permissão para viver e aprender, ter um amante, ficar em casa com as crianças e ainda assim contratar uma babá, ter cabelo crespo, ligar para o trabalho dizendo que está doente, chorar rios de lágrimas, cancelar no último minuto um almoço porque surgiu algo melhor, gastar o salário do próximo mês num fim de semana num belíssimo Hotel Resort e Spa, engolir um sapo, ascender para a classe executiva, fazer amor, pedi-lo em casamento, processar o bastardo e acreditar que daqui a um ano você será capaz de entrar no vestido que usou no dia de sua formatura.

*A ideia de que as mulheres são criaturas frágeis é puro mito.*

Em todas as épocas, as mulheres ofereceram-se mutuamente encorajadores "vá em frente". Um olhar, um sorriso, um silêncio ou um segundo de hesitação pode ser interpretado como um sinal de aprovação. Nós torcemos umas pelas outras mesmo quando damos a impressão de desaprová-las. Quando odiamos o corte de cabelo da amiga ou quando queremos que ela pare de reclamar do seu emprego, estamos expressando o desejo de que ela leve uma vida mais feliz.

Há algumas evidências científicas conclusivas de que as sociedades nas quais as mulheres são mais felizes tendem a ser, no geral, mais saudáveis. Os homens, em particular, vivem mais. Além disso, a igualdade entre os sexos é também um fator positivo para a saúde. Estatisticamente, mulheres fortes e com um *status* elevado afastam as doenças em suas comunidades.

Portanto, quer saibam ou não disso, quando as mulheres encorajam umas às outras a reivindicar a felicidade como um direito inato, elas o fazem em benefício de todos.

> Estejamos unidas: é de nosso próprio interesse contribuir para a alegria de todas as nossas amigas.

Nos dias de hoje, quem quer ser escalado como membro do sexo mais fraco? A ideia de que as mulheres são criaturas frágeis é puro mito. Na verdade, estamos aprendendo todos os dias a reinterpretar como força as nossas pretensas fragilidades. Vemos coragem verdadeira onde os outros talvez vejam apenas teimosia; chamamos de tenacidade aquilo que um marido diria que é intratabilidade; admiramos a ousadia de uma amiga mesmo quando o contador dela implora para ela assumir menos riscos.

Nós nos voltamos umas para as outras em busca de conselho (e raramente nos desapontamos a esse respeito), mas a verdade tem de ser dita: o que mais apreciamos em nossas amigas é a capacidade de nos fazer rir. Você se lembra do dia em que ela descreveu um encontro às cegas particularmente horrível e você riu tanto que acabou cuspindo seu suco na salada de frango *dela*? Ou da vez em que ela, com o rosto sério, tirou uma conclusão disparatada e muito engraçada durante uma reunião chatíssima com um cliente e você mal conseguiu segurar a risada fora de hora?

Embora procuremos algumas amigas para nos consolar, somos mais bem-servidas por aquelas que restauram nosso senso de humor e nos dão coragem para nos libertarmos de nossas inibições.

## Dar risadas ao lado de uma amiga é a melhor maneira de desmistificar nosso medo do ridículo.

Entre amigas, nem o mais ínfimo ato de bravura passa despercebido: nenhum comentário extravagante deixa de ser apreciado, nenhum temido corte de cabelo é ignorado e jamais uma animada declaração sobre moda é descartada. As mulheres dinâmicas são modelos involuntários; suas ações são fonte de júbilo para as outras mulheres que as conhecem.

Observe como você se sente ótima no dia em que recebe pelo correio um convite para a *vernissage* de sua antiga chefe.

Melhor ainda, imagine-se folheando uma revista no salão de beleza e deparando-se com um artigo sobre uma vinicultora, pioneira na fabricação de vinhos orgânicos, que cuida sozinha de uma vinícola premiada, e então você descobre que foi com aquela mulher que dividiu um apartamento num prediozinho sem elevador, logo que saiu da faculdade.

E esteja preparada para o dia em que você ligar a TV e ver num programa de entrevistas uma mulher com quem você fez amizade em um *spa*, durante uma árdua caminhada antes do café da manhã, e que agora é a líder de uma comissão comercial internacional, encarregada de reconstruir o Afeganistão.

"Será que, algum dia, serei como elas?", você se pergunta. Surpresa, surpresa. Você já é tão formidável quanto elas.

## Somente uma mulher notável teria a coragem de fazer amizade com uma mulher mais notável do que ela.

Se puxar pela memória, você perceberá que suas amigas de infância ajudaram-na a ser a pessoa que elas mesmas gostariam de ser: uma mulher audaciosa, com um coração de ouro. Ao mesmo tempo, por você acreditar nelas da maneira como acreditava, elas foram capazes de demonstrar o espírito intrépido que as tornaram especiais para você.

Lembre-se: no jardim de infância, sua melhor amiga foi uma pestinha que não tinha medo de socar os meninos que a atormentavam; no primeiro grau, foi uma menina solitária que escrevia histórias de ficção científica; no segundo grau, foi uma aficionada por matemática, que pintava as unhas durante as aulas de química; na faculdade, foi uma autoproclamada ativista da não violência, que mudou o próprio nome.

*Rir de nós mesmas é uma forma de bravura que aprendemos com as amigas.*

Enquanto admirava a coragem de suas amigas, desejando ocasionalmente que você mesma também tivesse nervos para chocar ou surpreender os outros do jeito que elas faziam, você estava se tornando uma mulher de fibra, alguém que respeita o direito das pessoas de serem ousadas e diferentes.

E hoje, com suas amigas, você não se sente absolutamente obrigada a mostrar seu lado doce, alegre, caloroso e sociável. Pode ser a pessoa forte e determinada, que sabe onde pisa.

## Você não precisa ganhar o título de Miss Simpatia: amizade não é um concurso de popularidade nem uma exibição de beleza.

Não conte com sua beleza clássica nem com sua disposição alegre para adquirir alguma coisa no universo da amizade feminina. Você sabe que se esforçar para ser amada é provavelmente a maneira mais segura de irritar as pessoas que você admira.

Como isso é libertador! Com uma amiga, os padrões predominantes da atratividade não são uma medida para o valor que você tem.

Podemos nos dedicar a criar laços de amizade entre nós, sabendo que, se compararmos todos os nossos prós e contras, ninguém é melhor que ninguém.

Uma amiga talvez tenha o corpo mais sensual, em forma de violão, mas não tem o extraordinário estilo que você possui. Outra é uma ótima anfitriã, mas você é quem melhor angaria fundos e organiza festas.

Em geral, as boas e más qualidades se anulam e todas nós terminamos praticamente na mesma.

Liberdade, igualdade, fraternidade: os franceses acertaram. Sua fórmula de democracia enfatiza o fato de que a amizade entre iguais é a base de uma sociedade livre.

# A busca da felicidade não é um assunto individual, mas comunitário.

Especialistas em epidemiologia, que estudam os padrões de saúde e da doença, chegaram à conclusão de que a solidariedade entre os cidadãos, mais do que o conforto material, é o fator determinante quando se trata do bem-estar de todos.

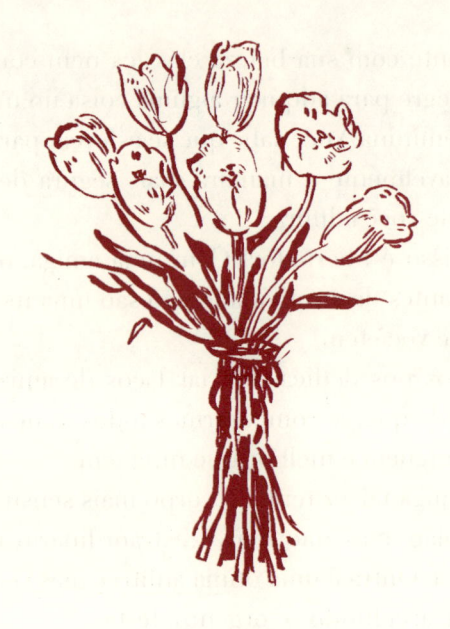

*Vá buscar sua amiga no aeroporto com um buquê de flores.*

Aparentemente, as sociedades menos sexistas tendem a ser mais saudáveis. Como afirmado anteriormente, quando as mulheres são mais felizes e desempenham um papel maior em sua comunidade, em geral a saúde delas é melhor, e também a saúde dos homens e das crianças. Embora não haja um consenso de que o maior envolvimento das mulheres é a causa ou o efeito dessa melhora, por que arriscar? Enquanto esperamos que o plano de saúde oferecido pelo governo tenha qualidade, e se torne realidade, vamos nos unir em um espetáculo de solidariedade! Pensemos na amizade feminina como uma alternativa ao seguro saúde.

Não cancele aquele almoço que você marcou há um mês com uma antiga colega que jamais voltou a trabalhar depois que saiu de licença-maternidade por causa do segundo filho. Arraste o maridão até o anticonvencional bar onde a mulher de um amigo vai apresentar-se como comediante de *stand-up* por apenas uma noite. E vá buscar sua irmã no aeroporto com um buquê de flores nas próximas férias em que ela vier visitá-la.

.4.

## homens

(*VIVE LA DIFFÉRENCE!*)

APESAR de não esperarmos que os homens nos cedam o assento ou segurem a porta para nós, é impossível não ficarmos fascinadas quando eles o fazem. Alguma emoção ancestral entra em ação quando as diferenças de gênero são tacitamente celebradas.

A famosa expressão francesa *vive la différence!* ("viva a diferença!") atenua um pouco a disparidade entre homens e mulheres ao dar destaque ao contraste, em vez de às desigualdades entre os sexos.

"Por que uma mulher não é mais parecida com um homem?", pergunta o professor Henry Higgins em *A Hymn to Him*, uma das canções mais perspicazes de *My Fair Lady*. Por que uma mulher não é mais parecida com você, Henry querido? Só consigo pensar em duas razões.

Primeira, se os homens e mulheres fossem semelhantes, não haveria o que cantar nem haveria musicais com melodias deliciosas e tão memoráveis que se tornaram amados ícones culturais.

Mas muito pior seria para a civilização o fato de que as mulheres não teriam incentivo o bastante para telefonar umas às outras só para dizer que não receberam a tão esperada ligação do namorado.

A guerra dos sexos é uma das guerras mais galantes que existem e, provavelmente, a única em que as mulheres estão em vantagem. Se homens e mulheres fossem semelhantes, não haveria alguém por perto para dizer a Higgins: "eu te disse!". (No final de *My Fair Lady*, Eliza não precisa dizer para ele — ele sabe!)

**Encaremos esse fato: a principal diferença entre homens e mulheres é que as mulheres estão geralmente certas, enquanto os homens estão geralmente errados.**

No entanto, falando honestamente, estar sempre certa se torna enfadonho depois de um tempo. Mas o que uma garota pode fazer? Os homens são tão sistematicamente decepcionantes que você suspeita que sejam assim de propósito. De fato, às vezes você imagina se o talento deles para partir nosso coração não seria uma característica masculina secundária, assim como barba, pelos no peito e voz grossa.

Recentemente, o homem sensível voltou à lista das espécies em extinção. Os caras se fazem de tolos para nos aborrecer. Hoje em dia, raro é o sujeito que ainda age como nosso melhor amigo quando encontra seus colegas; que sabe o que dizer quando nosso gato morre; que se lembra de passar manteiga no pão quando traz nosso café da manhã na cama; e que fica fora de nossa vista quando está só de meias pretas e cueca samba-canção branca.

As expectativas românticas arruinadas já são uma parte integrante da experiência feminina que se tornaram um elo de ligação entre as mulheres. O primeiro *chagrin d'amour*, desgosto amoroso, é um rito de passagem, a provação obrigatória para uma garota prestes a entrar na idade adulta. Só depois que sobrevive a esse primeiro desapontamento sentimental é que ela passa a fazer parte do grupo. Seu beicinho torna-se menos petulante, sua sobrancelha expressa menos desagrado e seu olhar é mais profundo por trás dos cílios. As outras mulheres já podem dizer que ela não é mais uma criança e, tacitamente, acolhem-na no grupo.

Tão memorável é essa primeira rejeição que, depois disso, ela se prepara mentalmente, sempre esperando pela próxima. Passa a viver com medo de ser abandonada pelos homens. Espera que namorados, amantes e maridos estraguem tudo, e quando o amado se prova inadequado, ela se sente estranhamente gratificada.

Mas, que tal se a frustração entre homens e mulheres não for uma simples disfunção? E se ela tiver um propósito? E se o comportamento irritante dos homens for motivado por um desejo sincero de serem úteis?

Antes de declararmos que os homens são uma fonte de aborrecimentos, como são às vezes caracterizados na imprensa popular, talvez devêssemos parar e pensar. Admito que, em grupo, eles são antagonistas mas, individualmente, eles são um amor de pessoa.

A sensação desagradável de que um homem está desapontando você, *como se fosse de propósito*, merece um exame minucioso.

Em um dia de junho, quando todas as floriculturas estão repletas de opulentos buquês de peônias — a flor que você mais ama, com seus pesados botões tão inchados quanto as bochechas de uma boneca de porcelana —, ele traz para casa um magro ramalhete de margaridas, em uma tentativa de consertar o fato de estar três horas atrasado para o jantar. Você exige uma explicação, mas ele não está acessível, pelo menos naquele momento. Você encerra o caso jogando o patético raminho dentro de um vaso de plástico e batendo a porta do quarto na cara dele.

Só mais tarde você descobre a verdade: naquela tarde, ele ficara sabendo que a empresa na qual trabalhara a vida toda estava reduzindo o pessoal. Ele tinha voltado tarde para casa a fim de adiar o máximo possível o anúncio da má notícia.

Em geral, há uma explicação perfeitamente adequada para a maneira como um homem a desaponta, embora você talvez nunca descubra que explicação é essa.

Digamos, que ele se inscreva em uma academia caríssima, mas deixa de frequentá-la depois de poucas semanas. E que ainda se recusa a responder quando você o alfineta com relação a essa atitude. Chateada? Concordo.

No entanto, é melhor para você não saber que ele estava desenvolvendo uma forte atração pela professora de yoga e decidiu dar um tempo antes que fosse tarde demais.

*Uma coisa que os homens odeiam ouvir é "precisamos conversar".*

Os homens vivem sob a impressão de que sua ocupação na vida é salvar as mulheres de um perigo iminente. É por isso que, quando finalmente vocês vão a Paris, ele passa as tardes no quarto do hotel assistindo pela TV a Volta da França? Tente adivinhar. Meu palpite é que ele foge de museus porque não quer que você descubra que está viajando com alguém que não consegue distinguir um Courbet de um Corot.

O perigo do qual um homem está tentando salvá-la é ele mesmo. Está determinado a salvá-la do desajeitado em que ele se transforma quando estoura o cano da pia da cozinha; da criatura com os nervos à flor da pele que ele se torna quando você dirige; do chauvinista que toma conta dele quando se apossa do controle remoto da tevê; e do pão-duro que entra na joalheria quando você está prestes a fazer aniversário.

Ele sabe que você vai censurá-lo por não consertar as coisas ou por não estar presente quando você precisa dele, mas ele prefere enfrentar a sua fúria em vez de ferir seus sentimentos com alguma revelação embaraçosa sobre as próprias fraquezas.

Isto é um paradoxo: um homem vai desapontar você deliberadamente a fim de não desapontá-la. Mas tome cuidado! O fato de, para você, o comportamento dele não fazer sentido não significa que você esteja com a razão. Significa apenas que há uma diferença entre você e ele.

### O galanteio fora de moda pode estar morto, mas os homens ainda são cavalheiros, ao seu modo.

Mesmo quando substitui a esposa por alguém com a metade da idade dela e troca o carro da família por um conversível vermelho, um homem não olha com raiva para o passado nem responsabiliza a ex por acabar com suas esperanças.

Os homens desapontam as mulheres, mas as mulheres não desapontam os homens da mesma maneira. Não porque elas sejam pessoas melhores, mas porque o desapontamento não é uma emoção que os homens conheçam ou compreendam. Eles sentem raiva, arrependimento, remorso mas, raramente, acusam o objeto de sua afeição anterior de ser a causa de sua destruição. Esse motivo já seria suficiente para os homens serem admirados e terem um lugar especial em nosso coração.

Portanto, não espere passivamente que um homem a desaponte. Contrarie as inseguranças e os impulsos autodepreciativos dele, lembrando-o das razões que o tornam um ser humano tão adorável.

Não seja pega desprevenida na próxima vez em que ele estiver prestes a desiludi-la. Tenha em mente uma lista de todas as qualidades dele e escolha momentos apropriados — e inapropriados — para encorajar-lhe o frágil ego. Diga-lhe que você adora vê-lo de terno, por exemplo. Ou elogie o perfume da sua loção pós-barba, a sua devoção às crianças, o charme do seu novo carro, como você se divertiu na última noite quando vocês assaltaram juntos a geladeira, e o fato de ele conseguir abrir vidros hermeticamente fechados e ostras cruas.

## Assuma que um homem que desaponta você é um homem pedindo a sua atenção.

Somente quando você priva um homem de seu próprio papel heroico é que ele se frustra com você — às vezes muito perigosamente.

A mulher inteligente jamais impede que seu amado queira ser um cavalheiro na própria imaginação. Se ele promete fazer alguma coisa, mas não cumpre, ela evita transformar isso em um caso federal. Apenas nas proximidades do próprio aniversário, ela deve dar alguma pista explícita a fim de impedir uma séria gafe por parte dele e prevenir uma catástrofe sentimental.

Com cada novo desapontamento, a mulher se torna mais forte. Pouco a pouco, ela se livra da ideia de que precisa que seu parceiro a salve. Se ele deixou de reservar as passagens de avião, de notificar o serviço de utilidade pública ou de colocar o lixo para fora, que assim seja. Ela lembra a si mesma que o pai de seus futuros filhos é um ótimo dançarino, um bom genro e um inspirado *chef* de final de semana cujos dotes culinários são a prova de um profundo compromisso com a vida familiar.

*Em grupo, os homens são previsíveis. Mas, individualmente, eles são um amor de pessoa.*

Cedo ou tarde, a mulher consegue aprender a não ser quem sempre está com a razão. Algumas esposas amorosas têm aprendido a perder uma discussão de propósito, só para não usar o "eu te disse!". Outras começam desavergonhadamente uma conversa com o maridão, anunciando com sutileza: "Você estava absolutamente certo ontem...". As francesas fingem timidez à mesa do jantar: quando seu copo de vinho está vazio, elas não se servem, em vez disso pedem docemente que seu parceiro o encha.

## Os homens nos libertam, com um desapontamento por vez.

A função da alegoria do "cavaleiro em seu cavalo branco" é ajudar-nos a lidar tanto com a fantasia quanto com a realidade. Tais mitos são instrumentos para moldar nossos sonhos coletivos, mas a motivação posterior é nos dar meios para acordarmos para o mundo como ele é.

Apenas nas fábulas os homens são os campeões que achamos que eles são. E, no final, todos os heróis devem abandonar seu *status* para que eles — e nós — tornemo-nos seres humanos plenamente realizados.

Na próxima vez em que um homem não atender às suas expectativas, satisfaça-se com uma visualização bem simples. Feche os olhos e ouça o som de um cavalo branco galopando a distância. Imagine um cavaleiro solitário, firme em sua sela e usando uma armadura brilhante, com o visor abaixado, e a bandeirola da lança ao vento. Admire o belo espetáculo antes de permitir que essa alucinação equestre desapareça em uma nuvem de poeira.

Não tenha remorsos. Um cavaleiro que desaponta uma dama faz a ela o maior dos favores — lembrar-lhe que ela, afinal de contas, não tem a necessidade de ser salva.

.5.

# Sexo

(UMA SELEÇÃO DOS MELHORES TRUQUES DE CUPIDO)

O SEGREDO de cama mais bem guardado é este: um pênis pode ler nossa mente. Com sua visão de raios-X, ele pode ler nossos pensamentos tão claramente quanto pode ver através das nossas roupas.

Ele pode dizer quando você está realmente interessada em uma conversa, quando gostaria de ser tirada para dançar, quando pensa que seria agradável ser beijada ou quando deseja que a noite nunca acabe.

Quando um pênis descobre que você está em um estado de ânimo receptivo, ele quer dançar, brincar e celebrar. A reação dele é uma genuína *joie de vivre*; seu aumento repentino é a expressão de uma completa excitação.

Mas esse mesmo pênis fica melindrado quando descobre que você se sente feia e gorda, está chateada com o próprio corte novo de cabelo ou preocupada com o que vai vestir no casamento de sua irmã.

Como uma varinha de rabdomancia, o pênis é facilmente avisado por aquilo que ele percebe serem condições psicológicas adversas. Parceiras potenciais que estão excessivamente conscientes da própria aparência física fazem com que ele fique nervoso. Uma espécie de ogro — o sapo que ainda não virou príncipe —, ele fica envergonhado na presença de quem dá muito importância à boa aparência.

**A autoaceitação é sensual. Para um homem extasiar-se com você, mude seu próprio padrão mental, de ansioso para generoso.**

Portanto, diante de um homem que a deseja, evite qualquer pensamento que denigra seu próprio corpo — ou a anatomia dele. Esse não é o momento certo para você explorar inseguranças a respeito de suas curvas, ou listar mentalmente tudo aquilo que há de errado em seus seios ou nádegas. Controle-se. Tenha coragem e confie que um homem que está louco por você vai achá-la bonita quando estiver nua.

Pesquisa após pesquisa, as mulheres dizem que querem ter uma boa aparência para elas mesmas, não para atender as expectativas dos homens. Os jornalistas do sexo masculino que reportam essas informações sempre expressam dúvida: as mulheres não estão mais tentando seduzir os homens? Tais comentários mostram quão pouco esses homens conhecem a própria libido. Os homens não se deixam atrair por mulheres que são bonitas, mas por mulheres que se *sentem* bonitas.

Irresistível é a mulher que alcançou um patamar em sua busca pela perfeição física e tem tanta confiança em sua imagem que parou de ser obcecada por sua aparência. Ela passa aos homens a impressão de estar disponível para uma atividade mais desafiadora. Não mais preocupada com sua aparência, ela se torna acessível, alcançável, vulnerável, desejável — em outras palavras, sensual.

Quando se trata de fazer amor, os homens estão no controle — eles fazem o trabalho pesado —, mas as mulheres tomam a iniciativa. Um bocejo de despertar sob as calças risca de giz de um executivo e a rígida presença no alto da coxa esquerda do *jeans* de um jovem são respostas vivas aos sinais neurológicos emitidos pelo cérebro de uma mulher. Com apenas um pensamento (e um olhar na direção do homem), ela pode "armar a barraca" de um sujeito desavisado.

## Nos braços de uma mulher, o homem é sempre um aprendiz de Cupido.

Mesmo um machão de carteirinha se sente um adolescente quando você tira a roupa. Os homens ficam desorientados, e eles sabem disso.

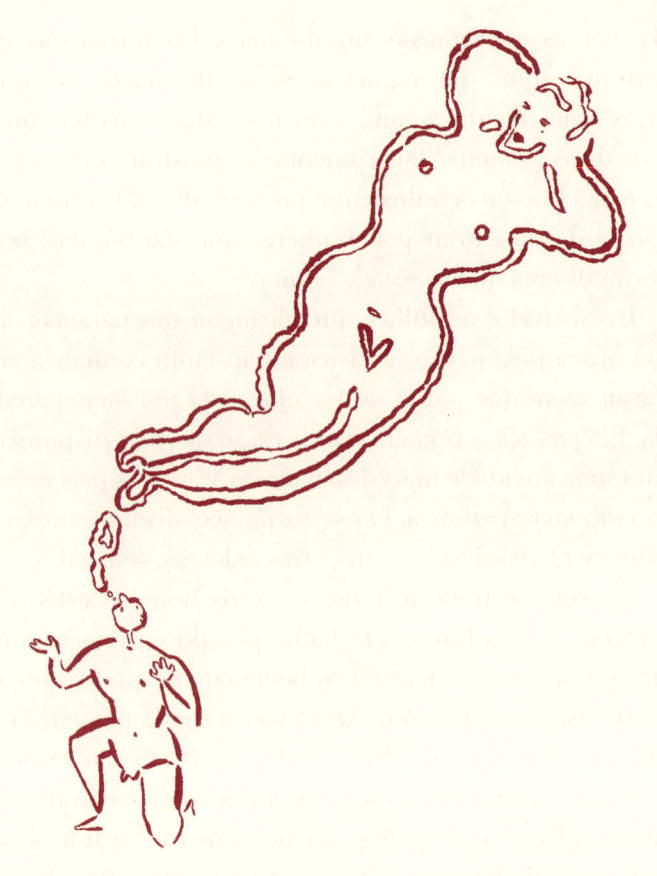

*Os homens precisam conviver com a natureza*
*obsessiva do maníaco que vive abaixo da sua cintura.*

Entre si, eles ficam se gabando de suas proezas sexuais, perfeitamente conscientes de que essas histórias improváveis são fantasias eróticas, nas quais até mesmo o mais saciado dos franceses teria dificuldade em acreditar.

Com exceção dos adeptos do *swing*, quantos homens já viram outros homens fazendo amor? Sua maior fonte de informações é assistir filmes com loiras siliconadas, fingindo orgasmo com parceiros, cujo ardor bombástico consegue ser realmente alarmante. Não sendo um ator shakespeariano, o sujeito que trabalha naquilo que se costuma chamar de "filme de arte sueco" jamais consegue transmitir a alegria, o terror e o tormento de um encontro lascivo, um acontecimento muito mais confuso pelo fato de estarmos gratos por causa da fome e sede indizíveis que experimentamos em seus jubilosos espasmos.

E mais, a pornografia enlatada jamais diz aos homens o que eles *realmente* querem saber, ou seja, o que as mulheres sentem quando veem pela primeira vez o pênis ereto de seu amante. Será que elas compartilham a admiração que eles sentem pela repentina materialização de seu mais magnífico ímpeto? Tamanho não é o único ponto em questão: o que dizer da cor, do ângulo e do sabor do gigante adormecido?

E, conte-me, o que você faz quando tudo o que tem a demonstrar para ele é aquilo que o grande poeta latino Catulo, com seu rude senso de humor, descreveu como "uma minúscula adaga, caída como uma pastinaca flácida"?

Tenha pena dos homens. Quer gostem ou não, eles precisam conviver com as idiossincrasias do maníaco que vive abaixo da sua cintura. A natureza não lhes deu outra escolha senão se adaptar à obsessão geneticamente egoísta desse hóspede permanente.

O sexo ótimo não é um *tête-à-tête*, mas um trio formado por um homem, seu pênis e a amante amorosa que inspira os dois a mostrarem algum *esprit de corps*.

Desde as cortesãs dos reis até as terapeutas sexuais dos programas de TV na madrugada, iniciar os homens na arte sutil do amor é um papel que as mulheres têm aceitado ardentemente ao longo da história. No entanto, ao contrário das profissionais, não é aconselhável que você e eu tentemos iniciar nossos amantes nessa arte, fazendo alarde de nossa competência. Um pouco de charme é necessário. Uma mulher comum que seja muito inteligente pode perturbar a sensibilidade de um homem.

É melhor ensinar pelo exemplo. Embora possa guiar a mão dele durante o calor da paixão, uma parceira sexual nunca é tão esclarecedora quanto ao ilustrar uma questão com uma historinha que colheu em suas conversas com outras mulheres.

"Nesse quesito, nós somos bebezinhos se comparados às mulheres", escreveu o filósofo renascentista francês Michel de Montaigne em um dos seus mais famosos ensaios. "Ouçamos as mulheres descreverem nossos encontros com elas e rapidamente perceberemos que não contribuímos com coisa alguma nos tópicos que elas ainda não conhecem."

Como Montaigne, a maioria dos homens de hoje ficaria bastante surpresa se pudesse ocupar o lugar da proverbial mosca na parede. "Gostaria de, algum dia, estar em um lugar onde meus ouvidos pudessem insuspeitamente captar parte do que elas dizem umas às outras", acrescentou o perplexo ensaísta. "Bem que eu contaria a vocês!"

As coisas que dizemos umas às outras não precisam ficar *entre nous*. Divida-as com o homem de sua vida para esclarecê-lo sobre as complexidades da libido feminina.

Para atiçar a curiosidade do sultão Shahriyar — e abrir o coração dele durante o processo — Sherazade, a heroína de *As Mil e Uma Noites*, permitiu que ele ouvisse às escondidas as histórias que ela contava para a irmã. Você pode usar o mesmo estratagema com o seu amado. Dê-lhe a impressão de que ele está em uma posição privilegiada, alimentando-o com petiscos eróticos, roubados das divertidas historinhas privadas de uma de suas amigas.

Entremeie narração meticulosa e apartes pessoais à medida que conta a conversa que teve nessa mesma tarde com uma grande amiga sobre como o marido dela gosta de agarrá-la de improviso sobre a escrivaninha de casa. Evoque, com um gesto amplo e um brilho no olhar, como ele afastou livros e papéis a fim de abrir espaço para aquela paixão desordenada!

Antes que seu amado tenha tempo de formar uma opinião sobre a indiscrição de sua amiga, aumente a aposta com uma história dentro da história, outra das técnicas favoritas de Sherazade para contrabalançar a tendência masculina de buscar um desfecho — de chegar prematuramente a um clímax, por assim dizer. Postergar a conclusão da narrativa (e manter um homem conjeturando) é uma grande metáfora para o ato de adiar o desenlace prematuro de uma relação sexual.

Assim, admita para ele que você não conseguiu parar de rir quando essa mesma amiga contou nos mínimos detalhes como, na semana anterior, ela pegou a irmã e o novo namorado em flagrante delito na despensa da casa dos pais delas. Conte-lhe como os dois estavam de tal modo entrelaçados que formavam uma criatura de seis pernas, com dois braços e duas cabeças — uma delas virada para baixo.

## O homem precisa saber que, para a mulher, há no sexo muito mais coisas que o desempenho masculino.

O estado de espírito, a disposição, o humor, o ambiente e as circunstâncias particulares são tão importantes para você quanto os atributos físicos da parte anatômica do corpo dele que, às vezes, comporta-se como um segundo cérebro.

O pênis é uma criatura obstinada e narcisista, e a arte do amor consiste em libertar o homem das exigências desse pequeno tirano. Em vez de se preocupar com a libido do seu parceiro sexual, tente libertá-lo da ansiedade em relação ao desempenho, demonstrando pouco interesse por suas próprias proezas carnais.

No bom sexo, não é preciso fazer nenhum esforço. Mesmo as posições mais acrobáticas parecem não exigir esforço; suas gloriosas configurações são imprevisíveis, como os padrões acidentais criados pelos prismas de um caleidoscópio.

Nunca acredite apenas nas aparências. O amor é cego — e assim é a relação sexual: mostre a um homem aquilo que ele só consegue ver com os olhos fechados.

O que acontece com duas pessoas na cama é geralmente mais bem descrito por meio de metáforas. Antes da invenção do espelho — e das câmeras de vídeo —, o relacionamento sexual era uma invasão às cegas de um mundo invisível.

De fato, à medida que os amantes se aproximam fisicamente, eles perdem progressivamente o contato visual. Com o corpo da mulher agora distante de sua face, o homem naturalmente transfere a atenção do magnífico espetáculo da sua virilidade para o variado reino dos seus outros sentidos.

## Desligar as luzes nos ajuda a ligar nossas percepções extrassensoriais.

Paradoxalmente, a obscuridade produz um novo tipo de visão. Mãos que acariciam são um ótimo instrumento de visualização. No escuro, a beleza da outra pessoa deixa de ser apenas um fenômeno ótico.

Incapazes de ver quem estão abraçando, sem profundidade de campo nem senso de altura ou largura, os amantes agradecidos são libertados da prisão cúbica da terceira dimensão.

Livres das noções de "seu" e "meu", dentro e fora, côncavo e convexo, eles desfalecem em um movimento desfocado, invertendo os lados de baixo e de cima, agarrando-se, beijando-se, prendendo-se, falando incoerências, contorcendo-se, tremendo — o espaço entre seus corpos é um campo magnético amoroso, suficientemente forte para gerar em suas mentes o equivalente às luzes de uma aurora espetacular.

.6.

# autossuperação

## (AS SETE VIRTUDES CAPITAIS)

*Acautele-se contra a pureza e a incorruptibilidade…*
*e com todas as outras sete virtudes capitais.*
OSCAR WILDE

IMAGINE-SE pondo os pés sobre a escrivaninha, inclinando-se para trás, cruzando as mãos na nuca e decidindo-se de uma vez por todas parar de se agoniar com o fato de que o mundo está cada vez pior.

Não me entenda mal: não estou sugerindo que você use óculos com lentes cor-de-rosa, apenas que evite encarar tudo de modo pessoal. Você não ia querer transformar em virtude o fato de ser incensada ou ultrajada.

Não censure ninguém — inclusive você mesma — por não fazer o bastante para eliminar a injustiça, desmascarar a corrupção, erradicar as fraudes ou eliminar o desperdício. Tente evitar o letal senso de responsabilidade que resulta do fato de se ocupar uma posição de superioridade moral.

A indignação virtuosa, embora justificável, faz tantas vítimas quanto os crimes que ela pune. Ela rouba de você o senso de humor e a deixa sentindo-se impotente e ranzinza.

Mas, o que dizer sobre lutar pelo progresso? A gente não deveria tentar defender altos ideais e melhorar as coisas globalmente? Deixe de lado essa ideia, por enquanto. Os antigos gregos e romanos, que nunca rotularam aqueles que têm desempenho abaixo de seu potencial, não fizeram do progresso uma questão relevante. A despeito de terem inventado a civilização ocidental — como a conhecemos —, suas aquisições na política, nas artes, na filosofia e na matemática continuam a contribuir para a cultura de hoje. Mesmo assim, não há sequer uma única referência ao progresso em qualquer um de seus livros.

Claro que você ainda aprecia as autoestradas de quatro pistas, as compras *online*, os *laptops wireless*, os medicamentos de última geração, a TV de alta definição, as mensagens instantâneas, os bilhetes eletrônicos e as microcirurgias — mas você não mais acredita que essas invenções são avanços tecnológicos que salvarão nossa espécie da extinção. Se você não pressupõe que o progresso é uma mudança para melhor, pode escolher deixar as coisas como estão e renunciar à autossuperação — suas idiossincrasias bizarras, eternamente uma parte integrante de todas as formas de vida baseadas no carbono, das quais você é um exemplo perfeito.

## Um "upgrade" é um progresso, embora nem sempre seja para melhor.

O que aconteceria se você se sentisse livre de qualquer pressão para corrigir seu comportamento ou melhorar sua índole? Será que o mundo acabaria se você, obstinadamente, mantivesse o mesmo penteado durante anos, apegasse-se às suas calcinhas velhas, nunca superasse seu medo por cachorrinhos, conseguisse evitar falar ao seu analista a verdade sobre sua vida sexual, saísse sistematicamente com o tipo errado de homem, enviasse "correntes da sorte" para amigos crédulos e não sentisse vergonha por se servir de uma segunda porção de purê de batata?

Nossas imperfeições de caráter tornam-se qualidades quando as suportamos graciosamente. Em contraste, a excelência laboriosa pode facilmente azedar-se. Ficamos rapidamente ressentidos com aqueles que se esforçam para ser bons. "Algumas pessoas são agradáveis, a despeito de sua inquebrantável integridade", gracejou o lendário colunista nova-iorquino Don Marquis. Temos de admitir que, realmente, elas são uma exceção.

Para permanecer no lado certo — e desafiar a suposição de que o progresso é nossa única salvação —, uma lista completa das virtudes capitais pode ser uma ferramenta útil.

## Primeira Virtude Capital

### ASSUMIR QUE NUNCA SE É MAGRO DEMAIS OU RICO DEMAIS

Se não nos sentíssemos obrigados a ser uma pessoa melhor — mais magra, mais esperta, mais saudável —, não teríamos uso para os superlativos inflados. Não existiriam "As Melhores Cidades Onde se Viver" ou "Os Melhores *Chefs* do Mundo". Não existiriam "Os Piores Crimes do Século" ou "As Celebridades mais Bonitas do Ano".

Além disso, compraríamos mais romances tórridos do que livros de autoajuda instantânea, portanto não haveria praticamente nenhum risco de alguém tentar ser, da noite para o dia, magricela, pontual, paciente, compassivo ou saudável.

Como as avaliações não prevaleceriam, então os viajantes sofisticados jamais se destacariam por declarar publicamente que preferem Londres a Paris, Los Angeles a San Francisco, ou Bruxelas a Veneza. E, desnecessário dizer, as *socialites* mais bem vestidas não seriam demasiado magras e excessivamente ricas.

O verdadeiro progresso, em nossa cultura, seria compreendido quando o suficiente fosse suficiente.

Quando refrear a cobiça — e estar disposto a pagar um preço mais alto — se isso melhorasse a educação pública.

Quando conter a ambição — e não se oferecer como voluntário para trabalhar no comitê a favor da redecoração do condomínio ou para ser anfitrião da festa de boas-vindas aos novos membros do clube de caminhadas.

Quando colocar a família em primeiro lugar — e dizer ao seu chefe: "Desculpe-me, mas preciso ir".

Parafraseando Ogden Nash, o problema com o progresso é que ele foi longe demais.

## Segunda Virtude Capital

### FORÇAR A BARRA CONSTANTEMENTE

As pessoas deviam ser encorajadas a estabelecer as próprias metas, esforçar-se por alcançá-las e, quando fossem bem-sucedidas, comemorassem um pouco. A maneira preferida de celebrar um aumento salarial, por exemplo, seria abrir a garrafa de um bom espumante, reunir-se com os colegas na sala de expedição, convidar um assistente administrativo atraente e fazer-se de tola, contando piadas sem graça.

Sem chance. O mundo corporativo é projetado para manter você em uma direção respeitável. Juntamente com os bônus e as promoções vêm o relógio de ouro (nos dias de hoje, ele é incrustado com diamantes), o convite para jogar golfe e a sessão individual com um consultor de imagem.

Antes que você perceba, as gratificações estão tomando conta da sua vida. Você está encrencada quando, nas férias, estiver voando para Praga com os 99 funcionários de sua empresa que tiveram melhor desempenho, acompanhados de seus cônjuges. Depois de uma apresentação do *Quebra Nozes*, na Ponte Charles (transformada em palco para a ocasião), você é convidada para um jantar oficial, a luz de velas, no Castelo de Praga, oferecido pelo Ministro da Cultura da República Tcheca, que é amigo do CEO da sua empresa.

Toda a agitação e a viagem deixam-na nostálgica em relação às festas de Natal da empresa no ano anterior, durante as quais você, juntamente com o gerente de vendas e o responsável pelo RH, cantou canções natalinas no aparelho de karaokê alugado. Em uma foto digital, tirada em um desses eventos obrigatórios por um colega com olhos lacrimejantes, você aparece inesperadamente bonita, relaxada e feliz, em seu ridículo vestido de veludo azul, com mangas bufantes.

Em retrospecto, progredir na carreira é fácil. O difícil é ainda ser feliz no momento em que se chega ao topo.

## Terceira Virtude Capital

### TER AS APTIDÕES NECESSÁRIAS

Não vamos confundir "viver bem" com "obter sucesso". Para sobreviver, é preciso mais do que a simples competição. A habilidade para se adaptar e tirar proveito de mudanças inesperadas é igualmente decisivo. Na pesquisa fundamental — em oposição aos testes clínicos —, aquilo que é menos esperado é o que tem mais probabilidade de ocorrer. Antecipar bons resultados é uma má ciência. A melhor maneira de você servir aos seus genes autocentrados não é superar todos os obstáculos, mas, sim, estar à procura de surpresas.

Não fique tão focada em seu desempenho, de modo que ignore o mundo ao seu redor. Recue um passo de vez em quando a fim de ter uma visão geral das coisas e, talvez, descobrir percepções completamente novas. Se você é uma personalidade do tipo A, finja ser uma do tipo B: deliberadamente, pare de cheirar a eletricidade no ar antes de uma tempestade, por exemplo. Deite-se no carpete, sem motivo algum, e fique olhando para o teto. Troque um olhar com um bebê. Levante-se da cadeira para desligar o ar condicionado e abra a janela. Interrompa o curso de seus pensamentos para observar o tremor dos bigodes de um gato adormecido.

Uma pessoa pode afirmar a vida, sem precisar afirmar sua determinação e sua vontade de ser bem-sucedida.

*Interrompa o curso de seus pensamentos para observar o tremor dos bigodes de um gato adormecido.*

*Quarta Virtude Capital*

### NÃO DESPERDIÇAR TEMPO

O tempo improdutivo é um luxo que poucos de nós podemos nos permitir. Ficamos pessoalmente irritados — até mesmo ofendidos — com nossa própria ineficiência, como se ela fosse um sinal de alguma incompetência básica. Apesar de o obstrucionismo mecânico estar generalizado e mesmo os mais sofisticados dispositivos para economizar tempo serem incapazes de erradicar o fenômeno. Aparelhos quebram. Computadores pifam. Celulares se acabam. Não importa quão boa seja nossa tecnologia, os defeitos chegaram para ficar.

O modo certo de se tornar cronicamente frustrado é dar um valor excessivo a cada instante caído do céu.

Em vez de esperar passivamente que a próxima confusão transtorne a sua agenda apertada, seja proativa e desperdice preciosos minutos. Cada vez mais frequentemente, dê ao pródigo universo cinco minutos de seu tempo: jogue fora os clipes plásticos extraviados, que se misturaram com os de metal; tire o pó das frestas do seu *laptop*; torne a dobrar os panos de prato que estão na gaveta; ou, quando ninguém estiver olhando, tamborile ritmicamente os dedos sobre a mesa ou role os olhos dramaticamente, como se estivesse irritada.

Em outras palavras, desabilite os pequenos aborrecimentos antes que eles desabilitem você.

## *Quinta Virtude Capital*

### SER ORGANIZADO

Dentre as pequenas falhas que infestam nossas vidas, ser desorganizado é provavelmente uma das mais prazerosas.

Há algo estranhamente libertador em esquecer um nome, uma palavra ou uma data. Em uma paisagem mental, privada momentaneamente de marcações familiares, o mundo parece, de repente, menos povoado.

Muitas vezes isso acontece quando você sai correndo de casa para chegar a tempo em um compromisso. Você se pega examinando o local, à procura de sabe Deus o quê. Remexe os bolsos da capa de chuva, a gaveta da cozinha e o armário de remédios, procurando... a lista de compras? as pastilhas para tosse? o guarda-chuva? o motivo de estar saindo de casa, antes de mais nada?

Apanhada em um *cul-de-sac* (beco sem saída) temporário, incapaz de se mover para a frente ou para trás, a pessoa pode ter um vislumbre "do outro lado", o universo paralelo do tempo geológico.

Permaneça ali por um instante e imagine que você consegue sentir o movimento imperceptível das placas tectônicas e, acima, a majestosa rotação dos planetas.

Lembre-se, a desorganização não é uma maneira ruim de retardar o implacável tiquetaquear do relógio.

### *Sexta Virtude Capital*

#### SER ORIENTADO POR METAS

Saber o que você quer, e obtê-lo, pode privá-la do prazer de ter uma tarde deliciosamente improdutiva. Considere uma alternativa intrigante: saiba o que você quer, e depois descubra que, afinal de contas, você não o quer.

Funciona assim: você sai de casa num sábado, com a ideia de comprar o último lançamento em máquinas de café expresso, um par de travesseiros ergonômicos e uma luminária nova para a sala de visitas. Depois de uma hora percorrendo o departamento de utilidades domésticas, você desiste e decide que há opções demais e você já tem coisas demais. Ao voltar para casa de mãos vazias, sente-se inusitadamente exultante. Desce a avenida com as mãos afundadas nos bolsos, cantarolando as quatro primeiras notas de *Love me Tender*, do Elvis.

Tenha em mente que tarefas infrutíferas podem ser uma fonte de grande satisfação espiritual. Você teria de meditar durante meses em um mosteiro zen para chegar à repentina compreensão de que é feliz com o que já tem. Compreensivelmente, para um monge sem dinheiro atingir um estado bem-aventurado de "não querer" é um desafio maior do que para você e para mim, que temos apenas de percorrer um shopping center para chegarmos à mesma conclusão.

*Não se prive do prazer de ter uma tarde improdutiva.*

Perder o desejo de ter todas aquelas coisas pode ser uma bênção disfarçada. O estado de transe relacionado à sobrecarga materialista que experimentamos nessas ocasiões é o que os budistas chamam de *satori*.

## *Sétima Virtude Capital*

### SER HONRADO

Como mencionado anteriormente, ser presunçoso é antiético em relação à *joie de vivre*. Portanto, se existe algo não tão formidável em você, passe por cima disso. Aceite que você é um ser humano — alguém nem totalmente bom nem totalmente mau.

Contudo, não exagere na direção oposta: pensando bem, é melhor ser um perfeccionista, crivado de autocríticas, do que alguém que alardeia suas imperfeições como se fossem troféus pessoais.

Nessa categoria arrogante estão os indivíduos que: se vangloriam de não gostar de crianças, inflam seus currículos, culpam os outros pelas próprias deficiências, vestem-se de modo casual para um funeral, jamais disseram "me desculpe" para alguém mais fraco que eles, chamam nosso atual namorado de "fulano" e dizem que nunca trabalhariam para uma mulher.

Sim, é melhor acreditar no progresso, apesar de ser uma proposição imperfeita, do que ser o tipo de pessoa que assume que suas deficiências de caráter estão acima de qualquer discussão.

O otimismo tolo não é uma virtude capital.

.7.

# belos objetos

## (EM LOUVOR À FRIVOLIDADE)

DESDE bombons de chocolate embrulhados individualmente e acomodados em caixas revestidas de folhas de ouro até sedutoras fragrâncias vedadas em frascos de *eau de toilette* e anéis de diamantes aninhados em porta-joias firmemente tampados, os belos objetos são geralmente guardados em recipientes seguros, como se a intenção fosse proteger os potenciais usuários contra alguma substância perigosa.

Inócuos ao primeiro olhar, os belos objetos são, na realidade, potentes antidepressivos. Você pode ficar viciada em tê-los à sua volta. A ampla disponibilidade dos belos objetos na França é a razão pela qual a *joie de vivre* seja tão endêmica à cultura. As pessoas ficam literalmente obcecadas por eles. A única coisa que alguém precisa fazer é caminhar pelas ruas e dar uma olhada na exposição de doces parecidos com joias, na vitrine de alguma doceira, para experimentar instantaneamente uma elevada sensação de contentamento.

A atração universal pelos produtos franceses é um fato bem estabelecido, o ímã que atrai turistas com vontade de sentir o sabor da boa vida. Porém, onde a ética puritana prevalece, o *status* dos belos objetos é ambíguo. A palavra *pretty* [de *pretty things*, belos objetos] tem uma raiz no inglês arcaico, com os significados de "traiçoeiro", "falso", "enganoso". Como resultado, nos Estados Unidos, suspeita-se das coisas que sejam deliberadamente belas. Chamar algo de belo pode ser interpretado como um comentário depreciativo. *Pretty nice* quer dizer apenas "mais ou menos agradável" e *pretty much over* não deixa muito espaço para a esperança.

Através dos tempos, naquela que foi presumivelmente uma tentativa de depreciar o charme irresistível dos belos objetos, a palavra usada para designá-los teve seu significado restringido para "bonito, mas com falta de vigor, força, virilidade, propósito ou intensidade" (segundo o dicionário *Webster*). Contudo, não se deixe enganar por essa definição pouco convincente. Os "ohs" e "ahs" espontâneos que os belos objetos evocam são uma evidência da fortíssima influência que exercem sobre nós.

E, realmente, mesmo os tipos urbanos como você e eu, que professam ser minimalistas e são a favor da forma e função, não estão completamente imunes à frivolidade do mundo material. Não podemos deixar de experimentar uma palpitação no peito com a visão de uma travessa em *découpage* laqueada, com uma borda floral; uma almofada de caxemira, decorada com um ornamento de pena de codorna; ou um colar de quartzo rosa, com pendões de ouro incrustados com lágrimas de safira.

### Reserve um tempo para olhar os belos objetos: saboreie essas compensações materiais que o dinheiro não pode comprar.

Mesmo que você seja uma garota moderna, que não liga muito para descanso de copos, *cupcakes* ou velas, talvez queira deixar suas apreensões de lado e considerar o seguinte: belos enfeites podem enlaçá-la, sem dúvida, mas é para seu próprio bem.

Os belos objetos têm a capacidade única de nos fazer sentir não só otimistas, mas também receptivas. Torna-mo-nos surpreendentemente liberais na presença deles. Alguém teria de ser um modernista empedernido para não ser agradavelmente afetado pela visão de uma delicada rosa de seda presa a um chapéu de ráfia de aba larga; de um papel de carta decorado, impresso em velino, tão crocante quanto um biscoito *cream cracker*; ou de vestidinhos infantis de festa, adornados com apliques de um veludo refinado.

Mesmo que nunca compre uma dessas coisas extravagantes, você não consegue desviar o olhar diante delas.

Não se trata de aquisição, mas de apreciação. Alguns belos objetos não são para ser comprados, mas simplesmente admirados. Embora talvez nunca sonhe em gastar uma pequena fortuna para adquirir um par de candelabros de vidro Murano azul ou forrar a sala de jantar com papel de parede chinês, você se alegra porque há gente rica o suficiente para comprar tais coisas, de modo a serem mostradas em vitrines, livros ilustrados e revistas de *design* de interiores.

## Pense na apreciação como uma agradável alternativa à posse.

Ao contrário de outras formas de apreciação (arte, poesia, música ou vinho), não há curva de aprendizado em relação aos belos objetos. Eles se comunicam conosco, independentemente de nossa educação, experiência ou gosto. Você não precisa ser uma especialista para admirar a perfeição de um saleiro de prata que se parece com um pagode em miniatura; para ser seduzida pelo encanto de um buquê de noiva feito com flores naturais; ou para se maravilhar com a delicada beleza de um relógio de pulso *art déco* incrustado de diamantes.

Em outras palavras, você não lida com um belo objeto da mesma maneira que lidaria com um vinho durante uma degustação. Você não está tentando avaliar a cor sutil e o complexo buquê de um Merlot, um Sirah ou um Pinot Noir. É muito mais simples do que isso: você quase consegue medir a beleza em centímetros e segundos. Para merecer essa denominação, um objeto precisa persuadi-la a (1) aproximar-se e (2) deixar-se ficar. Os pequenos detalhes obrigam-na a chegar mais perto, de 20 a 30 centímetros, enquanto os padrões intrincados capturam sua atenção por pelo menos 30 segundos.

*Quanto mais tempo você der aos belos objetos, mais prazer terá.*

É principalmente uma questão de escala. Como produtos íntimos — não confundir com os produtos de luxo, os quais transmitem seu *status* por meio de um sistema de sinais vistosos que devem ser reconhecíveis ao primeiro olhar (você consegue perceber de longe o famoso logo LV – Louis Vuitton – em um acessório) —, os belos objetos não costumam revelar sua identidade prontamente. Eles confiam em padrões delicados e lindas texturas para chamar a sua atenção e você diminui o passo para decifrar o que são eles. Assim como os aparelhos interativos, eles a prendem em uma relação biunívoca.

É um arranjo de concessões mútuas: quanto mais tempo você dedica aos belos objetos, mais prazer consegue obter. Em vez de evocar nossa voracidade ou ganância, eles estimulam nossa curiosidade e convidam-nos a repartir com os outros nossa sensação de maravilhamento.

## Manuseie com cuidado os belos objetos: eles vão excitar suas emoções.

Se você sucumbir ao charme de um objeto particularmente tentador e decidir comprá-lo, esteja preparada para dá-lo de presente no devido tempo. Você não será capaz de resistir, e isso lhe fará bem. Está na própria natureza dos belos objetos circularem entre as pessoas, portanto, cedo ou tarde, você vai se pegar entregando o tesouro para alguém, em forma de presente.

Algum dia, uma grande amiga admirará o lenço de *chiffon* bordado com contas que você comprou na semana anterior em uma pequena butique da sua vizinhança; impulsivamente, você o tirará do pescoço e o dará a ela.

*Um laço não é diferente de um coração: ele faz um presente se tornar uma oferenda íntima.*

Ou uma convidada do jantar ligará para você a fim de agradecer a festa da última noite e perguntar-lhe, no curso da conversa, onde você comprou aquelas lindas argolas esmaltadas para guardanapo. "Há dez anos, em Madri", você responderá — e tome imediatamente a decisão de enviá-las para ela como um presente tardio de aniversário.

Porém, é mais provável que você decida quem será o sortudo receptor de sua autoindulgência antes mesmo de pagar por ela. Incapaz de resistir à tentação de uma caixinha de música entalhada, por exemplo, você vai reservá-la como um futuro presente para sua sobrinha.

**Nem todos os seus belos objetos pertencem a você. Alguns estão destinados a ser embrulhados para presente.**

Nas sociedades tradicionais, algumas coisas eram simplesmente bens consumíveis, enquanto outras eram dotadas de um "espírito" e destinadas a funcionar como presentes. Revestidas com um significado simbólico, esses preciosos objetos ritualísticos passavam de mão em mão dentro de uma comunidade e, a cada doação, a rede dos complexos relacionamentos sociais era fortalecida.

Todos os presentes vêm com restrições. Eles criam a obrigação de retribuir. Esse é um paradoxo que faz os filósofos e cientistas sociais ficarem num vai e vem de discussões contínuas. Apesar de, afinal de contas, os presentes não serem altruístas, os estudiosos concordam que eles estimulam um diálogo íntimo entre as pessoas, em uma base pessoal em vez de comercial.

Quando amarramos amorosamente uma linda fita em volta de uma caixa que contém um presente, afirmamos a importância desse vínculo pessoal. Se, no alto da caixa, dermos um grande laço, acrescentamos um forte componente emocional à transação.

Um laço não é diferente de um coração. Até se parece com um. As duas tiras do nó se cruzam, da mesma maneira que as artérias e veias se cruzam no centro do peito. Essa semelhança entre a forma do coração e a forma do laço talvez explique por que um papel de presente é mais do que uma decoração superficial.

Com o pacote, com lindos ornamentos, que envolve um presente, você oferece alegremente seu vibrante coração; cada curva do laço serpenteia como as cavidades através das quais seu sangue corre e sua vida flui e reflui.

***

.8.

# transformações

## (SEGREDOS PARISIENSES DE BELEZA)

TODAS nós sabemos que a beleza está nos olhos de quem a vê. Em Paris, minha cidade natal, esse truísmo é entendido literalmente, com o significado de que, nem sempre, ninguém é sem atrativos. E embora cabelos loiros, olhos azuis e maças do rosto salientes não sejam atributos desprezíveis, eles não são certamente as medidas de nossa beleza.

Lá, uma mulher atraente, mas que não tenha uma beleza convencional, é reverenciada como uma *jolie laide* — literalmente, uma "bela feia" — e, com frequência, é objeto de inveja por causa de sua estranha capacidade de atrair pretendentes, a despeito da aparência incomum. Em Paris, beleza é a silhueta borrada de dois farristas dividindo um guarda-chuva à medida que correm para pegar o último metrô. É a expressão de alegria no rosto de um bebê ao ver um cachorrinho pela primeira vez. É o que acontece no teatro do cérebro, úmido e escuro como breu, quando você pensa em um ente querido.

Em minha cidade natal, a beleza não é uma qualidade física, mas um fenômeno jubiloso na interseção de mente e matéria, pensamentos e realidade, neurônios fogosos e células aquosas.

Igualmente, os produtos de beleza não são apenas meios para atingir um fim. Não são meras receitas cujos resultados visíveis podem ser mensurados. Na realidade, uma visita a um balcão de cosméticos é um acontecimento holístico. É uma experiência que estimula as percepções sensoriais e, com elas, os delicados caminhos nervosos que unem a superfície do corpo aos misteriosos recessos da alma.

## A beleza é um sentimento, não um espetáculo.

Se, recentemente, você comprou um batom, deve ter notado que a balconista teve de se desdobrar para encontrar um espelho para você poder testar o produto. Assume-se que, em um departamento de cosméticos, não deveria haver falta de superfícies reflexivas. Não é verdade. Espelhos de mão são mantidos em gavetas, enquanto os poucos modelos acoplados ao balcão são colocados em lugares tão baixos que não há maneira de você ver seu rosto neles, a menos que tenha 1 metro de altura.

Por que será que é praticamente impossível você dar uma olhada casual em sua própria imagem enquanto negocia em torno da cintilante mostra de produtos?

Realisticamente falando, um encontro alarmante com seu reflexo causaria um efeito negativo sobre sua disposição de gastar. Se você pudesse ver a si mesma sob a brilhante luz artificial do mostruário de produtos de beleza, seriam grandes as chances de se sentir tentada a dar meia-volta e correr para a direção oposta.

Mas há outra razão, não tão mundana: o pessoal que trabalha com produtos de beleza não tem a menor intenção de deixar você fitar a própria imagem — não até estar com a disposição mental correta. Eles sabem que, antes de tudo, os cosméticos fazem com que você se *sinta* bonita. Melhoram sua autoimagem antes de melhorar seu visual.

Com texturas sensuais, aromas sedutores, cores atraentes e formas sugestivas, os produtos de maquiagem e de cuidados da pele despertam nossas emoções artísticas adormecidas. Os cosméticos são maravilhosos por criar aquela sensação especial de euforia associada ao refinamento, ao bom gosto e à beleza. Abra um frasco com uma loção de delicada fragrância, e seu hemisfério cerebral direito se excitará. Quase instantaneamente, a apreciação estética assume a prioridade sobre o julgamento racional.

Em outras palavras, os ingredientes ativos em 25 gramas de um creme antiflacidez superumectante não são algumas moléculas tecnologicamente avançadas, mas os neurotransmissores em nosso cérebro.

## Ame seu corpo — e os homens franceses a amarão.

Nos Estados Unidos, nove entre dez mulheres não estão contentes com seu corpo. A grande maravilha anatômica, que é a nudez de seus seres, é um fardo para a maioria delas. Na França, onde as mulheres sofrem uma pressão menor para ser magras, uma silhueta arredondada é raramente uma razão para renunciar ao prazer da baguete diária. E, ao passo que perder dez libras nos Estados Unidos exige uma campanha maciça, livrar-se dos equivalentes quatro quilos e meio parece menos difícil na terminologia do sistema métrico: números menores dão às francesas que estão em dieta uma decisiva vantagem psicológica em relação a suas colegas norte-americanas.

Se você precisa de uma pausa na contagem de gramas e calorias, considere a possibilidade de uma viagem a Paris. Largue as malas no hotel e vá, em linha reta, até o jardim público mais próximo. Um passeio aos jardins das Tulherias ou de Luxemburgo, onde estátuas de mulheres curvilíneas em trajes mínimos, atrás de arbustos bem podados, talvez sejam exatamente o que você precisa para reconciliar seus olhos com a aparência das imagens de proporções clássicas.

Mas espere: enquanto a hipótese convencional é de que a nudez na arte era produto da lascívia masculina, algumas mentes investigativas estão propondo uma interpretação diferente. De acordo com críticos de arte revisionistas, a exibição de corpos femininos nus era uma tentativa deliberada de fortalecer a autoestima das mulheres e estimular sua libido, assim como excitar a imaginação de suas companhias masculinas.

*Você torna-se formidável quando aceita sua imagem majestosa.*

Desde os primeiros dias da Renascença, os homens perceberam que uma mulher que ama o próprio corpo é uma parceira de cama mais divertida do que aquela que está excessivamente consciente de suas imperfeições físicas. As figuras em mármore, escassamente vestidas, em pátios e aleias, em fachadas de edifícios e no centro de lagoas espelhadas, são todas elas exemplos carnudos, com suas generosas curvas tornadas mais evidentes pelas dobras frouxas de suas vestes.

Hoje não consigo imaginar casais norte-americanos imitando seus ancestrais europeus e pendurando quadros de nus de aparência próspera na parede de seus dormitórios. Nem aceitariam dormir sob um teto decorado com grossos frisos de gesso que retratam senhoras rechonchudas brigando com cupidos igualmente rechonchudos.

Mas, para eles, existem a Air France e as inúmeras pechinchas de um fim de semana romântico, que incluem entradas grátis para o Louvre, o museu de Orsay, a fundação Maillol e Versailles.

## Uma mente alerta é o aspecto mais chamativo em um rosto.

O peso de uma expressão vazia puxa sua face para baixo, da mesma maneira que a gravidade. Depressa, pense em algo agradável — qualquer coisa — e sua fisionomia se iluminará. Uma ideia intrigante que cruza sua mente pode elevar os músculos da sua face mais do que a aplicação de um creme firmador.

Você quase consegue acompanhar a ação energética de um pensamento, desde seu ponto de partida, perto da raiz dos cabelos, descendo depois pelos lados da testa, onde 'a pele se estica, até os diminutos músculos ao redor dos olhos, que se contraem quando você se concentra em alguma visão interna. Toda essa atividade faz com que suas bochechas se ergam levemente e os cantos de sua boca se mexam — o prenúncio de um sorriso, talvez —, dando ao contorno do queixo uma melhor definição.

Para a mulher parisiense, recompor-se de manhã cedo é, antes de tudo, um ato mental. Ela começa a pensar no minuto em que se olha ao espelho. Vai reexaminar algo que alguém disse no dia anterior, pensar em algumas alternativas para o jantar ou flertar com a ideia de mudar a cor dos cabelos. Antes de se pentear e colocar a maquiagem, ela já desenvolveu "uma atitude", uma forte opinião sobre qual a melhor maneira de conduzir sua vida.

É claro que, com o tempo, sua pele vai enrugar, mas ela não se importa. Botox não é para ela. Seu rosto tem personalidade e ela gosta dele do jeito que é. Acredita que manter um estado mental alerta é o tratamento mais eficaz para definir sua estrutura óssea e tonificar seus músculos faciais.

## Mais do que a beleza, o que torna você adorável é a maneira como se cuida.

A beleza singular de uma mulher está na maneira única como ela consegue iluminar um dia chuvoso. Em uma cidade como Paris, onde o céu está frequentemente cinzento, as mulheres consideram seu dever se destacar contra o fundo indistinto do pálido calcário e do asfalto molhado. O esforço que elas fazem para ficar bonitas contribui para que todo mundo se sinta mais otimista.

Manter a própria aparência não é apenas para satisfazer o ego. Em Paris, é uma espécie de serviço público — o dever cívico de toda mulher. Realmente, enquanto o descuido informa que você não se incomoda com o que os outros pensam a seu respeito, prestar atenção aos detalhes é uma expressão do respeito que você tem pelo julgamento deles. Ao ter o melhor visual possível, você assinala a todos que a opinião deles importa.

Na cidade de onde vim, uma *jolie fille* (moça bonita) é como um raio de sol espreitando através das nuvens: aonde quer que vá, ela traz um pouco de *joie de vivre* para todo mundo.

Por que ser um rosto anônimo na multidão quando você pode ser um ponto luminoso dentro do campo de visão de qualquer pessoa? O arco perfeito de suas sobrancelhas, a proporção estudada de sua jaqueta ou o esquema sutil de cores de seu traje — esses são alguns presentes que você pode oferecer para as pessoas ao seu redor.

## Pinte um quadro para todos nós, os amantes da arte que estão aqui fora.

Em vez de simplesmente tentar ter um bom visual, pergunte a si mesma como ajudar os outros a se sentirem bem quando a veem. Seja bondosa para com os olhos deles. Dê-lhes algo agradável em que se focar.

Por exemplo, comece pela cor do seu cabelo e crie uma palheta de cores em torno dela. As loiras podem dar ênfase ao seu guarda-roupa com o amarelo pálido e o bege cremoso, enquanto as partidárias do preto e branco podem misturar os tons prateados com tons pastéis melancólicos, como verde acinzentado e lavanda.

Se você prefere trabalhar com contrastes, uma echarpe é o acessório perfeito. A cor dela pode atrair a atenção para a cor do batom, da bolsa ou dos brincos, com as roupas transformando-se em mero pano de fundo para esses destaques luminosos.

Ou talvez seja seu rosto aquilo que você acha que dará mais prazer aos outros. Então uma gola branca, um lenço enrolado no pescoço ou uma fileira de pérolas será o objeto reluzente que convidará os passantes a dar uma olhada em você.

A maneira como você se cuida exerce um efeito cascata sobre as pessoas que cruzam seu caminho a cada dia. Depende de você merecer a atenção delas. Deixe a beleza — a sua beleza — ser uma bênção para todos aqueles que a veem.

## Não lute para ser meramente bonita quando poderia ser magnífica, adorável, maravilhosa, soberba, cativante.

A apreciação da beleza depende das palavras que usamos para descrevê-la. Muitas vezes deixamos de reagir à aparência excepcional de alguém simplesmente porque nosso vocabulário é restrito.

Provavelmente, espera-se que os homens, que passam tanto tempo olhando as mulheres, tenham à sua disposição um suprimento infindável de adjetivos para descrever os objetos de sua fascinação. Mas esse não é o caso. Na verdade, eles ficam frequentemente sem palavras na presença dos membros do sexo frágil, preferindo os grunhidos às palavras na hora de demonstrar sua admiração.

*Lute para ser magnífica, soberba, cativante.*

Isso é compreensível. Com tantas mulheres lindas — e tão pouco tempo —, elogiar uma delas é uma tarefa desalentadora. Os homens fazem o melhor que podem para reverenciar a situação, mas não conseguem acompanhar o número cada vez maior de mulheres atraentes que encontram. Você não pode culpar um sujeito comum por ficar sem palavras diante de uma pessoa dotada de qualidades únicas.

Sinceramente, só um poeta consegue fazer justiça à encantadora figura da namorada de seu filho, à majestosa estatura de sua sogra ou ao inabalável sorriso da garota que cuida do setor de chapelaria em seu restaurante favorito.

Portanto, depende das mulheres definirem a beleza em seus próprios termos. Por mais que eu goste da palavra "fabulosa" para descrever o que é tão distintivo em 51% da população mundial, proponho darmos a ela um descanso. Já que tocamos nesse assunto, vamos banir as palavras "bonita", "adorável" e "bela" quando estivermos falando umas das outras. Em vez disso, eu defenderia o uso de palavras tais como "encantadora", "clássica", "indomável" e "graciosa" nas conversas diárias, a fim de caracterizar de outra maneira os inefáveis atributos femininos.

Ou, melhor ainda, como a escritora Dorothy Parker, ao descrever a bailarina Isadora Duncan, vamos virar do avesso a beleza, com uma impetuosa escolha de palavras. "Eis uma grande mulher", escreveu ela, "uma magnificente, generosa, galante, temerária mulher, fadada a ser insensata. Jamais houve lugar para ela nas fileiras do terrível e lento exército dos cautelosos. Ela seguia na dianteira, onde não havia caminhos."

## A literatura faz tanto pelas mulheres quanto os produtos de beleza.

Rara é a mulher cujos atrativos físicos estejam muito além de um elogio bem articulado. Catherine Deneuve é uma exceção notável. Para a maioria dos parisienses, sua beleza inquestionável é o padrão-ouro.

Mas, incapazes de competir com alguém tão visivelmente perfeito, poucas mulheres em minha cidade natal são tolas o bastante para tentar rivalizar com a estrela do filme *Belle de Jour* [*Bela da Tarde*]. Enquanto há muitas celebridades em duplicata nas ruas e shopping centers dos

Estados Unidos, há relativamente poucas aspirantes a Deneuve nos bulevares da capital francesa.

Na verdade, a parisiense típica evita o estilo dela a fim de ser diferente. Esforça-se para ser seu extraordinário "eu" — não exatamente *belle*, mas, oh, tão única.

## Se você quiser ser uma *femme fatale*, sorria com a boca fechada.

É um truque muito simples — e, no entanto, tão sedutor! Sorria sem abrir os lábios: deixe seus olhos faiscarem, em vez de seus dentes.

Sorrir com a boca fechada é como reprimir um bocejo discreto: isso faz seu rosto comichar e seu olhar se umedecer. Como resultado, você parece ligeiramente ruborizada e delicadamente enigmática. Ao contrário, expor as gengivas é um ato de entrega que deixa pouco espaço para a imaginação.

Mais bonito que um arreganhar de dentes, o sorriso misterioso de Mona Lisa ilumina a partir de dentro. Não deixe a luz escapar, abrindo sua boca.

As transformações mais dramáticas são as mudanças na atitude mental. A maneira como você pensa na beleza pode transformar a maneira como você se parece. Torne-se radiante ao manter um segredo incandescente, ardendo sob a superfície de todas as suas expressões faciais.

.9.

## *dieta*

(MAGRA, APESAR DA GORDURA)

N<small>UM</small> outro dia, em vez de dividir a conta do almoço com sua amiga, você declarou impulsivamente: "Deixe que eu pago!" Uma ótima refeição, ocasionalmente, leva-nos a expressar o prazer de um modo financeiramente precipitado.

Sua amiga ergueu a mão, em protesto.

"Eu insisto!", exclamou você.

A dádiva é sempre estimulante, não importa quão pequena seja. Infelizmente, o preço que pagamos por termos condições de oferecer um ato de generosidade aos outros não é apenas monetário. O excesso sempre traz problemas.

"Tudo bem", disse sua amiga, enquanto você entregava o cartão de crédito para o garçom. "Você paga o almoço, mas me deixe pagar a sobremesa. Que tal uma torta de chocolate *à la mode* e dois garfos?"

Viu o que eu quero dizer? Oitocentas e cinquenta calorias depois, você duas cambalearam de volta aos respectivos escritórios. Naquela tarde, você quase adormeceu durante uma reunião de equipe e sua amiga não conseguiu se concentrar na proposta que estava montando para um grande cliente.

## Um excesso de satisfação é frequentemente uma fonte de desapontamentos inesperados.

Na hora das refeições, toda vez que você cruza a linha tênue que separa a satisfação da excessiva gratificação, seu corpo entra naquilo que os especialistas chamam de modo de armazenamento de gordura. Dentro de minutos, a insulina inicia uma operação de estocagem. Você começa a se sentir lenta, à medida que seu metabolismo se desacelera para permitir que as células armazenem rapidamente o excesso de calorias, em forma de gordura.

Quando você e eu nos deliciamos com doces, nossos genes reagem de acordo com um padrão paleolítico, projetado para aproveitarmos o máximo dos períodos de abundância — tão raros e espaçados há vinte mil anos —, acumulando calorias em forma de gordura o mais rápido possível.

Na próxima vez em que oferecer um mimo a si mesma ou a uma amiga, faça-o o mais discretamente possível, de modo a não atrair a atenção dos fabricantes de gordura em suas células, apesar de eles estarem eternamente vigilantes. Sirva-se de pedaços pequenos. Coma devagar. Respire profundamente. Se você mordiscar calmamente seu bolo de chocolate ou seu *cupcake* de baunilha, talvez consiga sair impune, sem cair prisioneira na armadilha da insulina.

## Você pode tentar enganar sua química corporal, saboreando vagarosamente as comidas calóricas.

Mesmo que você nunca venha a ser vítima da fome, em todo caso, a natureza mantém em bom funcionamento os seus instintos de estocagem de calorias. Um sinal do seu cérebro de que você está prestes a cair em tentação é suficiente para dar o tiro de largada na corrida emergencial da fome. Seu metabolismo reage como se você fosse um voraz caçador-coletor.

Basta você pegar, distraidamente, uma cumbuca de amendoim torrado em um bar ou encher seu prato com panquecas, salsichas e ovos em um desses bufês de *brunches* coma-tudo-o-que-quiser, para, muito provavelmente, experimentar uma sensação de dormência na cabeça, semelhante ao estranho zumbido que seu aparelho de tevê emite quando uma emissora está fora do ar.

*Pegue pedaços pequenos. Não convide o voraz
diabo-da-gordura de suas células.*

Esse zumbido mental significa que o modo de armazenamento de gordura está sendo ativado. Provavelmente, já é muito tarde para você fazer alguma coisa em relação a isso, portanto aproveite a situação. Dedique as calorias que está prestes a ingerir (e o resultante acúmulo de gordura) a seus ancestrais, para quem uma boca-livre era uma rara oportunidade.

Se, por acaso, você está preocupada com seu peso, a próxima vez em que enxergar um grande bufê, abastecido de montanhas de comidas tentadoras, faça meia-volta e ande rapidamente na direção contrária. Assim como o fumo passivo, a comilança passiva também põe sua saúde em risco.

A fim de se premiar por ter deixado a voracidade para os outros, de vez em quando peça meia porção do prato mais delicioso de um cardápio. No entanto, não espere uma redução na conta: pagar o preço cheio por menos comida é, na verdade, uma barganha. Quando minimiza sua ingestão de calorias, o restaurante está fazendo um imenso favor a você; vale a pena a fortuna gasta.

Quando come pequenas quantidades de alimentos calóricos, você combina o prazer de saborear delicados bocados com a maliciosa satisfação de passar a perna em um programa anacrônico, embutido em seus genes.

## Pagar mais para comer menos vai contra a intuição, embora seja a dieta mais inteligente que há.

Para seu corpo, ainda mais confusa que a abundância de comida é a abundância de conselhos relacionados à saúde quando o assunto é nutrição. Os livros de dieta são quase tão irresistíveis, e quase tão viciantes, quanto o *fast-food* que eles denunciam.

Você não consegue acalmar os roncos do seu estômago com palavras alarmantes. Na realidade, é provável que as informações dietéticas preventivas perturbem seu sistema digestivo. As dietas obsessivas só servem para ativar a premissa biológica mais básica do corpo — a de que a preocupação excessiva com comida tem como única origem a falta de nutrientes. Antes que você perceba, seus genes ajustaram a velocidade do seu metabolismo e abaixaram seu termostato de queima de gorduras, e assim você ganha peso mesmo se comer menos.

Em outras palavras, quando está muito preocupada com o que põe na boca, você envia para seu corpo e seu cérebro uma mensagem de subnutrição, a qual dispara o mecanismo de armazenamento, tão seguramente como se você fosse uma vítima da fome. Ironicamente, pular refeições, ler as letrinhas dos rótulos nutricionais, contar calorias e verificar os níveis de colesterol aumentam realmente a circunferência de sua cintura.

## Queime esses livros de dietas e, de preferência, cozinhe saudáveis pratos *gourmet*.

Não renuncie à comida, renuncie à fobia alimentar. Persista em uma dieta de pensamentos culinários aprazíveis. Portanto, considere a possibilidade de passar um pouco mais de tempo na cozinha. O esforço físico sozinho já vai impulsionar seu nível de energia e ajudar a manter baixo o seu peso. No final das contas, você provavelmente mantém diante do fogão o mesmo ritmo de exercício de quando anda na esteira da academia. Levantar caçarolas e panelas pesadas pode substituir o trabalho com pesos livres. Você também pode fazer arremetidas e agachamentos quando abrir o forno para jogar molho sobre o frango assado ou para verificar o progresso da torta de ricota com abóbora.

Quando você ficar sabendo como é difícil alguém fazer exercícios para emagrecer, vai perceber que preparar em casa refeições balanceadas e não gordurosas compensa o esforço e, em comparação, até que é fácil. Em termos de benefícios para a boa forma, uma hora na cozinha é o equivalente a uma hora na academia. Porém, apesar de o hábito de não comer fora de casa ser o melhor modo de manter-se em ótima forma ou diminuir o manequim, de 44 para 40, são muito poucos os dietistas que já estimularam suas clientes a abrir um livro de receitas e vestir um avental.

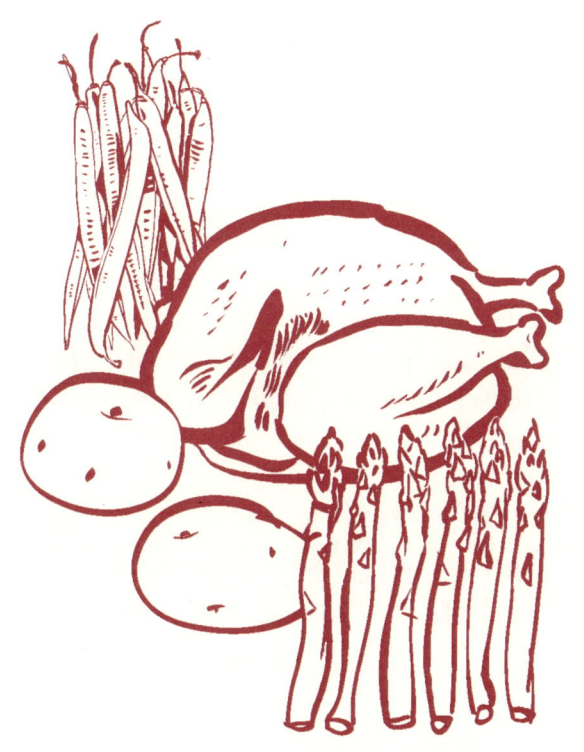

*Persista em uma dieta de pensamentos culinários aprazíveis.*

Em nossa cultura, dizer a uma mulher que volte para a cozinha seria politicamente incorreto, embora as cozinheiras de hoje encontrem mais facilidades quando comparadas a suas bisavós. Na edição de 1927 de seu, agora clássico, livro de receitas, a legendária *chef* francesa Madame Evelyn Saint-Ange instruía suas leitoras a misturar com tanta intensidade a manteiga com o purê de batatas, de modo que seus braços ainda estivessem doloridos uma hora mais tarde! E ela realmente parece um sargento durão quando descreve a maneira apropriada de bater claras em neve (tão firmes que possam suportar o peso de um ovo inteiro, com casca e tudo) ou depenar uma galinha recém-morta, ainda quente, e prendê-la no espeto antes de levá-la ao forno.

Sua abordagem muscular ao ato de cozinhar, tão comum naqueles dias, é o que manteve gerações de donas de casa francesas em ótima forma física. Algo que sempre causou admiração é: por que as francesas permanecem magras, a despeito de tanta manteiga e tanto *foie gras*? A resposta que estou prestes a lhe dar não vai me tornar popular entre os lobistas do *fast-food* ou entre minhas amigas que têm o forno de micro-ondas como o apetrecho de cozinha favorito.

> Agora você já sabe: cozinhar — e não a dieta — é o que faz as francesas se manterem em forma.

Não é necessário você começar uma iguaria do zero para tornar o alimento mais saudável ou mais cômodo para seu estômago ou suas coxas. Porém, o que você precisa fazer é acender sua imaginação, assim como acende o forno, e agitar seu instinto nutricional com tanto amor quanto agita o conteúdo fervente de uma caçarola pesada.

Aprender a saciar os anseios em suas entranhas alimentará algo mais que seu corpo: colocará você em contato com a inteligência do mundo orgânico. Logo saberá intuitivamente quando diminuir o fogo da sopa e como controlar o fluxo de vapor de uma panela de pressão. Você mesma descobrirá que é melhor evitar mexer as maçãs que estão cozinhando, para preservar seu aroma. Talvez até seja capaz de resolver um dos maiores mistérios da culinária de todos os tempos, ou seja, como manter as batatas fumegantes enquanto as amassa junto com a manteiga.

Há mais coisas na preparação de alimentos do que simples técnica. Preparar uma ótima refeição é um ato criativo que requer tanto a inspiração como a maestria. Mesmo o gesto mais banal, como adicionar sal e pimenta a um prato, exige que você combine o estilo com a contenção, e o talento natural com a discrição.

A refeição caseira é um alimento para os pensamentos, um curto ensaio sobre a vida, escrito na linguagem dos sentidos.

.10.

*moda*

(RECOMPOR A SI MESMA)

HÁ, na parte mediana do nosso corpo, uma linha que os estilistas de moda chamam de "cintura", em torno da qual, supostamente, nosso corpo se articula. Se você quiser saber minha opinião, a natureza fez um trabalho razoável ao fixar pernas a um tronco mas, no processo de criar esse prodígio da engenharia que é nosso diafragma, ela nos deixou com uma terra de ninguém, que separa norte e sul, topo e base, parte superior do corpo e aquilo que fica abaixo.

*Às vezes, os estilistas tratam as mulheres como se elas fossem meramente bustos colocados em cima de pedestais.*

Entre essas duas regiões surge muitas vezes algo que leva a uma guerra civil do vestuário. As roupas que vestimos são frequentemente divididas em duas, cada seção com suas próprias tropas defendendo o terreno contra um possível invasor. Ao norte, no território Ianque, você vê colares, decotes, cavas, mangas, pences, botões, laços e alças, enquanto no sul, entre os Confederados, os pregueados, bolsos, bainhas, zíperes e barras estão defendendo o forte.

Estação após estação, os estilistas propõem novas estratégias para manter uma aparência de paz entre essas duas facções em guerra, com a linha entre os dois campos de batalha sendo redesenhada de tempos em tempos. A esquiva cintura se move para cima e para baixo, rastejando para o alto, até a caixa torácica, ou então deslizando até passar dos quadris, em direção às coxas.

Mais do que uma realidade física (olhe em volta e confira: quantas de nós têm silhueta de violão?), a cintura é uma linha simbólica que riscamos no meio do corpo para nos convencermos de que a parte superior e a parte inferior da nossa natureza podem ser lidadas separadamente. Apesar de concordar com essa visão dualista do universo, a moda luta com ela. Às vezes, a voga é apertar a roupa no meio, de modo a dar a impressão de que as mulheres são meramente bustos colocados em cima de pedestais, mas, em outras vezes, a última moda é celebrar uma silhueta fluida e contínua, que faz sumir a própria linha que foi tão decisiva no ano anterior.

> Não pense em si mesma como um topo e uma base. Use a moda como um meio de reconciliar o que está acima com o que está abaixo.

Um resultado desastroso dessa bipolarização da vestimenta é a atual e difundida tendência entre as mulheres de considerar o corpo como a soma de suas partes. "Se pelo menos meus seios fossem maiores!", queixa-se a criatura magra como um caniço. "Eu não gosto dos meus ombros caídos", é provável que sua filha pré-adolescente anuncie inesperadamente algum dia. E, para ser honesta, por acaso você já notou como a pele da pontinha do seu cotovelo tem a irritante tendência de ficar ressecada?

Se conseguirmos dar nome a um pedacinho de carne, encontraremos uma razão para estar insatisfeitas com ele.

A salvo de nossa crítica estão apenas os fragmentos que não são descritos facilmente. Até hoje nenhuma mulher encontrou algum defeito no pedaço de pele que fica entre seu polegar e seu dedo indicador, ou na junção entre suas orelhas e seu maxilar, embora eu tenha certeza de que os cirurgiões plásticos logo nos convencerão a acrescentar essas áreas negligenciadas na lista de nossas preocupações.

A moda é uma alternativa não cirúrgica para corrigir aquilo que acreditamos ser nossas imperfeições, com os estilistas cortando e juntando panos, couros e peles em vez de músculos e tecidos. E como é tão mais divertida a metodologia deles! Estação após estação, os equivalentes a Karl Lagerfeld, Oscar de la Renta, Christian Lacroix e Jean-Paul Gaultier têm sido capazes de criar animadas coleções que não só capturam o espírito de diversão como o reinventam sistematicamente.

Portanto, a despeito de a moda ser uma presença tirânica em nossas vidas, não conseguimos deixar de ficar fascinadas ao ir à caça da roupa perfeitamente divina que não apenas esconderá nossas muitas imperfeições físicas como o fará agradavelmente.

Por mais que odiemos admitir, a natureza frívola e caprichosa da moda é sua característica mais valiosa; sua fantasia é o que nos ajuda a minimizar nossa eterna e prejudicial autoinsatisfação por meio desse sutil senso de humor que os franceses chamam de *désinvolture* (desenvoltura).

Não deveríamos nunca tentar eliminar o elemento de tentativa e erro, inerente à moda: a autoanálise é sua verdadeira *raison d'être* (sua razão de ser). Práticas que economizam tempo, tais como compras *online* ou encomendar roupas por meio de catálogos, reduzem a moda a um esforço para tornar ilógica a praticidade que celebra o mundano em vez do festivo.

Atenção: itens padronizados de roupas é o próximo passo, a menos que nos lembremos que o objetivo da moda é "libertar-nos da banalidade do mundo", para citarmos Diana Vreeland, a lendária editora da revista *Vogue*. E, realmente, há menos alegria no universo quando o conselho de moda torna-se mera informação para compras.

> A moda é mais do que ótimas roupas: é um modo de vestir que nos faz rir de nosso ineficaz descontentamento.

Durante sua vida, na busca por uma imagem que a faça dizer "uau, essa sou eu!", você provavelmente comprou centenas de calças pretas, dúzias de *jeans*, incontáveis roupas cáqui, numerosas jaquetas, tantas malhas de tricô que fica tonta só em pensar, e oito conjuntos realmente lindos. No entanto, se tivesse de escolher seis das suas roupas mais memoráveis, cinco seriam vestidos.

Nós amamos vestidos: eles fazem com que nos sintamos altas e magras — um ser plenamente integrado, a mesma pessoa do pescoço aos joelhos, sem quebras nem saliências no entremeio.

Uma mulher usando um vestido parece "recomposta". De algum modo, ela aparenta ser mais refinada, respeitável, aristocrática — até mais virtuosa — do que uma mulher usando uma roupa que lhe proporcione fácil acesso ao próprio umbigo. Enquanto o diabo cria uma imagem fascinante em um conjunto de três peças de Ralph Lauren (ou Prada), nós, em um tubinho longo e fluido de Eileen Fisher, ilustramos Deus, no Céu, ostentando sua onipotência.

No espelho retrovisor do tempo, um vestido é feito do tecido da vida. A lembrança do seu vestido verde-claro de jérsei vai, para sempre, somar-se ao momento mágico em que você vagueou descalça, durante um crepúsculo em uma praia deserta, ao lado de um estranho atraente que você sabia que se tornaria sua outra metade.

Pensar nas alças finas do seu vestido-combinação de seda fará você voltar ao dia em que jantou com seu pai e a nova esposa dele em um restaurante, e ao sentimento de perda que experimentou mais tarde.

Entretanto, ainda pendurado em seu *closet*, aguardando voltar novamente à moda, está seu fabuloso *jumper*, aquele vestido-jardineira de *tweed* — a própria Audrey Hepburn, quando complementado com uma blusa preta de gola olímpica, por baixo, e grandes óculos escuros —, no estilo moleca para todas as idades.

Embora usemos peças independentes na vida cotidiana, trocando os sapatos e os botões para acomodar nossos humores mutáveis (e nossos tamanhos mutáveis), nós associamos as circunstâncias extraordinárias a vestidos. Formaturas, casamentos, aniversários, funerais — e levar para jantar um cliente de outra cidade — são as muitas ocasiões para desenrolar o tapete vermelho e vestir algo provocante, que aperte seu corpo em todos os lugares certos e suavize suas curvas, como um espartilho virtual.

**Sempre tenha pelo menos um vestido fabuloso em seu *closet*: ele é o padrão-ouro, pelo qual você mede tudo mais que veste.**

A alegoria mais perfeita para a felicidade é provavelmente a visão de uma moça rodopiando com um vestido. O famoso pôster do filme *A Noviça Rebelde* chegou a capturar esse sentimento indefinível. Se, em vez de vestido e avental rodados, Julie Andrews tivesse usado um par de *jeans* e camiseta, não haveria chances de o pôster alcançar o mesmo apelo universal.

Jamais a imagem de uma mulher vestindo peças independentes transmitiria a mesma alegria juvenil. Sempre há algo ligeiramente meticuloso em uma silhueta composta, mesmo quando as peças são reunidas ao acaso.

E, como é de se esperar, são necessárias habilidades avançadas na resolução de problemas para coordenar com sucesso um guarda-roupa de peças independentes. Embora roupas para a parte superior e roupas para a parte inferior sejam aparentemente mais versáteis que trajes completos, reuni-las é esteticamente desafiador. Assim como as peças de um quebra-cabeça, somente as roupas certas — para a parte de cima e para a parte de baixo do corpo — vão encaixar-se exatamente em seu devido lugar.

**Pense nas roupas para a parte de cima e de baixo do corpo como itens separados no nascimento.**

Odeio contradizer os estilistas de moda, mas há apenas duas maneiras de vestirmos um específico blazer, cardigã ou saia. Embora, em *layouts* divertidos de revistas, haja uma fórmula infalível de mostrar às leitoras como misturar e combinar as mesmas duas blusas e duas saias a fim de criar doze trajes completamente diferentes, isso, na vida real, é um exercício desconcertante e trabalhoso.

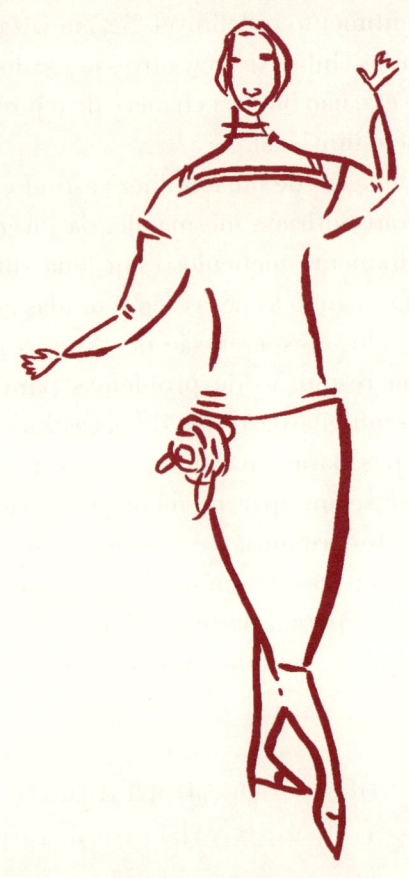

*Uma roupa perfeitamente divina eleva seu espírito e melhora seu senso de humor.*

Na maioria dos *closets*, as blusas, batas, coletes e camisetas estão separados das calças e saias. Por que não reunir os pares mais prováveis em um mesmo cabide? Essa seria a coisa mais inteligente a fazer para evitar o pesadelo tático de se vestir pela manhã. Não mais uma confusão, o conteúdo do seu guarda-roupa seria então uma coleção de trajes prontos para o uso, cada um com sua própria personalidade.

O que nos impede de fazer isso é a suposição de que é inadequado vestir repetidas vezes a mesma combinação de roupas. Confundindo moda com novidade, assumimos que a última tendência tem mais estilo que a tendência da estação anterior. Infelizmente, estamos quase sempre certas, pois muitos dos nossos artigos de vestuário que tinham inicialmente uma aparência ótima transformaram-se em trapos depois de serem usados uma ou duas vezes ou de algumas lavagens.

O curto prazo de validade das roupas baratas força você e eu a ficarmos sempre comprando trajes novos. As francesas, que tipicamente possuem a metade de peças de roupa que uma norte-americana média, operam sob um conjunto de regras diferente. Elas acham melhor gastar mais dinheiro com roupas de boa qualidade e limitar suas escolhas a poucas combinações confiáveis. Asseguram uma aparência própria com somente um punhado de roupas muito queridas, que usam repetidamente, com talento e equilíbrio. A familiaridade com cada item é o que dá a elas autoconfiança para criarem um estilo pessoal, talhado para se ajustar ao tipo físico de cada uma.

### Elegância não é a roupa que você veste, mas quão graciosa se sente quando a veste.

Mesmo quando chega a algum lugar com a roupa mais improvável (um vestido de verão sob uma jaqueta de esquiar; uma capa de chuva clássica junto com pele sintética rosa, calças *cargo* e salto alto), a francesa nunca dá a impressão de exibir um traje a fantasia. Na verdade, ela usa todas as suas roupas com a mesma classe com que usa suas echarpes: uma inconstante elegância que é só dela.

Assim como deslizar sem esforço para dentro do vestido favorito, amarrar um lenço ou echarpe é, para ela, um ato de reconciliação entre o que está acima e o que está abaixo. Com um jovial lenço em torno do pescoço, ela sente-se, de algum modo, mais inteira, com a cabeça bem segura sobre os ombros.

Confie em mim: toda vez que precisar dar uma acertada no estilo, acrescente um lenço ao seu traje. Quanto mais vistoso, melhor. Para uma variação irreverente da "laçada" francesa, pegue um clássico lenço de seda quadrado, dobre-o na diagonal, formando um triângulo, e torça-o até formar uma tira horizontal. Sem maiores dificuldades, segure o centro da tira e dobre-a ao meio. Envolva o pescoço com a tira dobrada, passe as pontas soltas por dentro da laçada, gire o lenço para a lateral e aperte. Pronto.

Amarrar um lenço equivale a uma completa renovação no visual — ao estilo francês.

*Fashion*, "moda" em inglês, é substantivo, mas também verbo: *to fashion* significa "entalhar", "esculpir" e "modelar" à mão.

A moda age através dos sentidos tanto quanto através da visão. Para guiar suas escolhas de vestuário, permita que as impressões táteis façam a diferença.

Fashion *(moda) rima com* action *(ação)*.

Fluidez e elasticidade são duas qualidades essenciais de um traje com ótima aparência. Portanto, escolha suas roupas mais pela textura do que pelo modelo ou pela cor. Jamais vista algo que a arranhe ou que seja justo demais quando você se abaixa, embora solto demais quando você se senta. Pela mesma razão, fuja de trajes com forros duros e presos internamente, que não se movem junto com o corpo, ou com costuras que se dobram e rastejam como taturanas; e fuja de qualquer coisa cuja etiqueta é costurada com linha de *nylon* espinhento.

O esfregar macio de uma bainha sobre as suas panturrilhas; o som característico da seda, conforme suas unhas deslizam sobre a superfície sedutora; o beijo de um colar em sua nuca; a suave pressão de um sutiã em volta de sua caixa torácica — esses são os sinais indicadores das roupas da moda.

Pense na moda não como visual, mas como o que acontece com seu corpo e mente quando você desliza para dentro de um cardigã de caxemira, tão fino que pesa menos que uma colherada de açúcar; dá um passo para dentro de um vestido drapeado de jérsei de seda, tão sensual quanto um calafrio; ou se espreguiça dentro de um pijama tão lustroso como pérolas sobre a areia branca.

❧

.11.

## Compras

(UM GUIA, SEM CULPA, PARA GASTOS EXTRAVAGANTES)

Na próxima vez em que você for passar pelo caixa do supermercado, saboreie aquele fugaz nanossegundo entre o momento em que mostra o dinheiro e o momento em que a gaveta da caixa registradora se abre para dar boas-vindas à sua doação. Esse é um intervalo emocionalmente intenso, equivalente a soltar na natureza um animal nascido em cativeiro. Depois de uma breve hesitação, seu dinheirinho suado lança-se à frente para se unir a outras notas na selva do mercado livre, que é o lugar ao qual pertencem.

Por isso, nunca mais se sinta culpada quando enfiar a mão no fundo da bolsa e tirar para fora seu cartão de crédito. Sua próxima aquisição será mais outra doação ao universo, algum tipo de gesto abnegado, um ato que, provavelmente, beneficia mais os outros do que você!

Com frequência, gastamos de bom grado o dinheiro a fim de experimentar a felicidade de passá-lo adiante. Ao contrário do que alguns moralistas gostariam que acreditássemos, o instinto de posse nem sempre é o principal motivo para nossa orgia de compras. As mercadorias que recebemos em troca daquilo que pagamos são apenas uma pequena parcela do valor cheio da transação. A oportunidade de devolver o dinheiro ao sistema econômico e dá-lo a pessoas ou causas merecedoras é, na verdade, uma importante parte da equação.

Deixe-me refrescar a memória daquelas entre nós que insistem em que somos uma nação de compradores ávidos. Será que você lembra como se sentiu na última vez em que comprou de um vendedor de rua, um garotinho de uns 7 anos, uma toalha e um biscoito superfaturados? Ou como ficou orgulhosa quando comprou um quadro diretamente das mãos de um artista desconhecido e pagou por ele o preço de mercado? Ou como se sentiu bem ao comprar para sua sobrinha favorita uma casinha de bonecas diferente, fabricada em madeira por um artesão local, em vez de comprar uma de plástico com torre de relógio e garagem para três carros?

Admita: as compras são muitas vezes uma válvula de escape para alguns dos nossos impulsos mais refinados e generosos.

*Vamos às compras a fim de obter o que o dinheiro não
pode comprar: sabedoria, bom-senso, discernimento.*

## Comprar um artigo é um modo de investir em algo que valorizamos e de sustentar as pessoas que lucram com ele.

Por que não pensar nas compras como uma aventura altruística, mesmo quando você está fazendo a extravagância de adquirir um quinto par de sapatos de salto agulha, sem ter condições para isso, ou quando está trocando seu celular antigo pelo último lançamento, com capa enfeitada de joias. Aquilo que levamos para casa dentro das sacolas de compras é um sinal de consideração dos varejistas por investirmos uma parcela dos nossos salários nas empresas deles!

O consumo desenfreado adquiriu má fama recentemente e por sua própria culpa, ainda que a maneira como as pessoas gastam sua renda disponível e as escolhas que fazem quando estão em uma loja moldem seu futuro e o futuro dos outros tanto quanto (se não for mais) a forma como votam.

Dentro do quadro geral, é falta de visão estimar a riqueza de alguém apenas calculando seu patrimônio líquido. O que a torna rica não é quanto você possui, mas quanto tem condições de gastar em coisas que são desnecessárias ou supérfluas!

Hoje em dia há conselhos demais sobre os benefícios de aumentar a riqueza e não há conselhos suficientes sobre o valor — e o prazer — de diminuí-la. Quando foi a última vez que alguém apareceu na televisão para lhe explicar por que é importante você deixar o dinheiro escapar de suas mãos? Como parar de se preocupar com os maus investimentos? E qual a melhor maneira de despachar o dinheiro para bem longe?

Para compensar essa falta crítica de informações, eis alguns indicadores:

## Redescubra o prazer de pagar em dinheiro.

Há uma época na vida de todas as pessoas em que gastar cinco reais é uma emoção. Hoje, você teria provavelmente de multiplicar essa quantia por cem ou por mil, e aplicá-la em uma única compra para se sentir tão loucamente rica como se sentiu quando tinha 6 anos e toda orgulhosa alinhou um punhado de moedinhas de 25 centavos, retiradas do seu cofre de porquinho, para comprar um batom cor-de-rosa.

Mais do que a quantia de dinheiro que você gasta, é a maneira deliberada como você a gasta que define quão abastada você se sente. Depositar notas novinhas sobre um balcão, por exemplo, é muito mais significativo do que rabiscar uma assinatura na base de um pequeno pedaço de papel.

Quase anacrônico atualmente, manusear notas de dinheiro e escrever cheques são gestos que ainda preservam algo da dimensão interpessoal de uma transação comercial. Em contraste, os cartões de débito desumanizam o que costumava ser uma transferência de fundos de uma pessoa para outra — do cliente para o lojista.

Mas a grande gastadora que há em você está sã e salva, contanto que ainda carregue dinheiro trocado em seu bolso. Enquanto as vistosas moedas de ouro são coisas do passado, as moedinhas de cinco, dez e 25 centavos ainda são alguns dos mais belos objetos que carregamos. Apesar de nossa tendência a esquecer que as moedas são peças delicadas de joalheria na palma de nossa mão, elas funcionam como um lembrete de que gastar dinheiro é um empreendimento impregnado de estética.

A pessoa pode sentir-se rica — e ter uma vida interior mais rica — simplesmente por dedicar tempo à procura da troca exata quando compra as pequenas coisas que tornam tão prazeroso o fato de estar viva. Você não vai querer informar uma senha para um computador ou passar um cartão de plástico diante de um olho eletrônico para comprar algo tão especial quanto bombons de chocolate embrulhados individualmente, por exemplo, ou velinhas de aniversário, ou cabides acolchoados e forrados com cetim. Ganhar dinheiro vai um pouco além quando você conta moedinhas ao comprar óleo de amêndoa, selos comemorativos, chinelos chineses bordados, figos frescos, mapas rodoviários locais, cadernos de espiral, postais preto e branco, pão de fermentação natural, cestas de vime e *croissants* de chocolate.

## Fazer as pequenas aquisições conta tanto quanto fazer as grandes.

Se tomar consciência de como as notas e moedas se insinuam para fora de sua bolsa e para dentro do sistema, você desenvolverá aquilo que é comumente chamado de "gosto" — uma habilidade para julgar a qualidade das coisas, independentemente de seu preço.

Veja bem, você se tornará exigente em relação a morangos somente quando os comprar na época certa.

Descobrirá que, na verdade, prefere as escovas de dentes comuns em vez das de luxo.

Estará disposta a gastar uma pequena fortuna em um par de tesouras realmente boas a fim de aparar sua franja nos intervalos das caras visitas ao seu cabeleireiro.

Usará vinagre branco como produto de limpeza doméstica e como desmineralizador de água.

Cozinhará com manteiga e assará com banha de porco (uma quantidade muito pequena é suficiente).

Comprará suas louças de uma amiga que é ceramista.

E será a primeira a descobrir a nova lojinha de rua, com os últimos lançamentos em acessórios de cozinha, onde comprará uma autêntica *toile cirée* provençal, aquela toalha de mesa em oleado, para o café da manhã.

Se tiver um relacionamento saudável e direto com o que o dinheiro pode comprar, são grandes as chances de você ser capaz de obter as coisas que o dinheiro *não pode* comprar: sabedoria, bom-senso, discernimento. Exercitar seu julgamento por meio de pequenas aquisições servirá como uma boa prática para as grandes aquisições. Se dedicar tempo suficiente para fazer uma troca justa com os comerciantes, você estará pronta no dia em que se tornar a beneficiária de uma pequena herança ou receber um bônus inesperado. Ninguém vai ficar surpreso ao saber que você comprou uma pequena fazenda, voltou à faculdade para estudar arquitetura ou financiou um documentário de quinze minutos.

## Antecipe um "roubo" — mas não engane a si mesma.

Cada uma de nós é uma bárbara em potencial; adoramos remexer entre caixas, prateleiras e pilhas de. mercadorias. Não se espante: durante milênios, a melhor maneira de adquirir legitimamente coisas valiosas era roubá-las. Na época de Homero, as guerras eram vistas como uma ocasião para pilhagem e espoliação, sendo o butim um prêmio justo para os soldados.

*Compre suas louças de uma amiga que é ceramista.*

Ainda hoje conseguir algo de graça é uma ilusão do comprador. Dirigimo-nos para uma grande farra de compras com o sangue de nossos ancestrais correndo em nossas veias. A perspectiva de um "roubo" é extremamente poderosa: apenas um esforço físico intenso, um sério perigo, uma novidade extrema e um suspense insuportável conseguem causar a mesma imediação, a mesma impetuosidade e a mesma sensação de estar perigosamente viva, causadas por uma liquidação privada e de um dia só dos artigos de mostruário de uma loja de alta costura. Segurar em sua mão o convite impresso desencadeia um estado de transe similar ao de estar enfeitiçada pelas estrondosas batidas de tambor de uma banda militar em marcha.

No entanto, paradoxalmente, um "roubo" é a maneira infalível de ser roubado. Com exceção de algumas lojas de alta costura, a maioria daquilo que é chamado de liquidação de artigos de mostruário, balcão de ofertas, queima de estoque e *outlet* de estilistas serve para os comerciantes se livrarem de mercadorias fora da moda, de qualidade inferior ou obtidas por meios ilegais.

O mais prejudicial — mais prejudicial para nossa alma, em todo caso — é a maneira como você priva a si mesma do prazer de apreciar o trabalho dos outros. A paixão por preços baixos tira de você a oportunidade de apoiar o esforço e o talento de homens e mulheres que ainda fabricam e manuseiam algumas das coisas mais bonitas do mundo.

## Comércio não tem a ver com voracidade impessoal; tem a ver com relacionamentos humanos.

Mais caçadores que coletores, nós entramos cautelosamente em uma loja, com os sentidos em alerta, examinando o lugar à procura de oportunidades e perigos. Um "posso ajudá-la?" enganosamente amigável, que vem do fundo cavernoso da loja, deixa-nos nervosas. A parte mais desafiadora de ir às compras é se comportar graciosamente na presença dos lojistas e seus associados.

A civilização se iniciou quando os ferozes invasores refrearam sua ambição territorial durante um tempo suficientemente longo para aprenderem a negociar com os comerciantes dos países que ocupavam. Eles deixaram de ser bárbaros e tornaram-se habitantes devido a interações diárias, como nós fazemos, com negociantes teimosos, donos de butiques intimidadores, balconistas excessivamente prestativos, caixas indiferentes e velhinhas mal-humoradas atrás dos balcões.

Os turistas norte-americanos, em viagem ao exterior, às vezes sentem-se como invasores quando são punidos pelos lojistas locais por não cumprimentarem pessoalmente um vendedor antes de pedir para ver um artigo, por inspecionarem cuidadosamente a mercadoria antes de decidir se vão comprá-la ou não, por perguntarem o preço aos gritos ou por conversarem ao celular enquanto pagam a conta.

*São grandes as chances de, durante a última hora, você ter dito dezenas de vezes "obrigada", "por favor" e "não há de quê".*

Frequentemente, medimos nosso grau de sofisticação — e o grau de sofisticação dos outros — pela maneira como nos comportamos nas lojas. Por exemplo, *Miss Manners* [a norte-americana Judith Martin, jornalista e autoridade em etiqueta] sugere que as compradoras chamem de "senhorita" uma vendedora, independentemente da idade dela, embora esperem ser chamadas de "senhora", em resposta. Outro exemplo, regras de cortesia menos arcanas incluem jamais expressar sua opinião sobre um artigo que alguém está adquirindo e tomar cuidado para não atropelar os outros em volta do balcão ou bloquear a porta de entrada. A especialista em etiqueta Charlotte Ford vai mais além ao aconselhar seus leitores a escrever uma carta ao chefe do departamento, elogiando uma vendedora exemplar.

## A transação mais valiosa em uma situação comercial é a troca de boas maneiras.

Veja as mercadorias que leva para casa como certificados de gentileza. Durante a última hora, aproximadamente, você foi graciosa, paciente, amigável. Disse "obrigada", "por favor" e "não há de quê" dezenas de vezes, no mínimo. Demonstrou amabilidade, respeito, consideração e honestidade. Vamos às lojas e pagamos um bom dinheiro por coisas de que não precisamos para podermos satisfazer nossas necessidades altruístas, como seres sociais.

## .12.

*entretenimento*

ACONTECE normalmente no início da segunda hora de uma festa. Sem qualquer razão aparente, o nível de decibéis em sua sala de visitas vai dos oito aos oitenta em menos de um minuto. Surge um zumbido no ar e uma gargalhada a distância. Esse é o ponto de mutação, o momento pelo qual você estava esperando.

## Convidada de honra em todas as reuniões, a alegria costuma se atrasar para a festa.

Paradoxalmente, os momentos alegres fazem uma entrada tranquila. Na hora em que seus convidados estão prontos para se divertir não há mais aquela aglomeração em torno da mesa do bufê — você pode levar para a cozinha o que restou do pernil assado — e há menos pessoas inspecionando as garrafas meio-vazias em busca de uma terceira dose. As velas perfumadas sobre o aparador derreteram, formando poças de líquido dourado, e mais ninguém está assistindo ao show de música pela TV, cuja tremida imagem se enfraquece gradualmente, como um fogo na lareira abandonado à própria sorte.

Até que enfim você pode relaxar. Sua festa não necessita mais de encorajamento — adquiriu ligeireza por si mesma.

Apesar de, há uma hora, no começo da festa, seus famintos convidados estarem preocupados com as roupas que vestiam, com o preço da gasolina, com a curva invertida dos rendimentos e com o projeto de seus *websites*, agora estão surpreendentemente serenos.

Por fim saciados, recostados em suas cadeiras ou afundados no sofá, cumprimentando-se no *hall* de entrada ou apoiados casualmente contra uma parede, cada um deles é um estudo em calma jovialidade.

As mulheres parecem duas vezes mais lindas do que quando chegaram. As bochechas agora estão brilhantes; não mais empoados, os narizes estão lustrosos; e somente um ínfimo traço de carmim restou nos lábios reluzentes. Aconchegadas a um canto, quatro delas estão comparando comentários sobre os procedimentos cosméticos da moda; as gargalhadas estrepitosas, os beicinhos e o franzir de sobrancelhas são uma prova positiva de que o botox não é tão amplamente utilizado como poderíamos recear.

Em um canto, o artista plástico que mora na porta ao lado está discutindo sobre os benefícios da aspirina para a saúde com o tímido estudante intercambista estrangeiro que você convidou no último minuto, enquanto, no centro das atenções, alguém cujo nome você não consegue lembrar delicia a todos que estão ao alcance de sua voz com o mistério não solucionado do cadáver de 500 anos encontrado na cripta dos Médicis.

Amanhã de manhã, ao acordar, seus convidados descobrirão que a jaqueta não voltou da lavanderia, que o dia promete ser anormalmente frio e que se esqueceram de comprar leite para o desjejum, mas, neste exato momento, eles estão imunes a essas preocupações triviais.

São seus convidados, uma raça à parte, membros de um grupo civilizado para quem a forma mais agradável de entretenimento ainda é uma conversa animada.

## Convide estranhos interessantes para suas festas: dê-lhes a prazerosa oportunidade de deixarem de estar absorvidos consigo mesmos.

Uma festa bem-sucedida é aquela em que, ao longo de sua duração, uma sala cheia de estranhos, sem qualquer ligação entre si, deixam de lado suas preocupações narcisistas o tempo suficiente para ficarem inesperadamente interessados uns nos outros. Em um mundo ideal, mesmo antes de atravessarem a porta de entrada, seus convidados se sentiriam curiosos a respeito das pessoas que vão encontrar ao redor da mesa do bufê.

Para essa finalidade, apimente suas festas com uma sensação de incerteza ao encorajar os convidados a imaginar que, misturadas com eles, estão pessoas enigmáticas cuja verdadeira identidade eles mal conseguem suspeitar. Talvez seja necessário um pequeno artifício. Por exemplo, conte a todos que a festa é em homenagem a um amigo de outra cidade cujas realizações profissionais você exalta, porém nos termos mais vagos possíveis. Ou convoque seus amigos para uma inocente operação de encobrimento: deixe escapar que a reunião noturna é um pretexto para apresentar, uma à outra, duas pessoas muito bacanas — embora você não possa revelar o nome delas. Ou, se for solteira, confidencie a seus convidados que você chamou alguém por quem está muito apaixonada e que você estará provavelmente "um caco".

Em outras palavras, dê a seus convidados a impressão de que eles estão em posição vantajosa. Você quer que eles esquadrinhem a sala ao entrarem, imaginando se o cavalheiro tímido é o arquiteto famoso que foi recentemente entrevistado por um aclamado jornalista; qual das irmãs gêmeas, sentadas ao lado da janela, é proprietária da franquia de uma confeitaria, em franco crescimento; e se o homem que oferece a elas um drinque é o sujeito que estraçalha corações, de quem você falou.

Nem festa a fantasia nem baile de máscara, todavia suas reuniões podem ser uma ocasião para especulações divertidas.

*O importante é fazer seus convidados*
*sentirem que são especiais.*

As festas são mais agradáveis quando as pessoas que acabaram de partilhar a comida e o vinho não estejam compartilhando também suas biografias completas. Os franceses, cujos salões literários eram renomados pelo humor refinado e respostas argutas, e cujo lendário senso de diversão não mostra sinais de abatimento, desaprovam a excessiva franqueza nas situações sociais. Falar de si mesmo é de mau gosto, eles acreditam, não porque seja um sinal de presunção, mas porque destrói o prazer da pessoa que se sujeita a essas revelações. Quanto menos uma pessoa souber da outra, mais interessante será o encontro e maiores possibilidades haverá de entretenimento.

Você não pode impedir as pessoas de falarem de si mesmas mas, tanto na qualidade de anfitriã como na de convidada, você pode promover a civilização ao mudar o tópico da conversa toda vez que alguém estiver prestes a emitir dados socioeconômicos sobre si mesmo.

## Vá em frente: interrompa as chatices extremas narrando como você foi abduzida por alienígenas.

O paranormal e o oculto incentivam instantaneamente a curiosidade. Mencione algo extraordinário que aconteceu com você recentemente e veja como todos na sala vão querer compartilhar um caso semelhante. Também tenha em mente que histórias incríveis sobre animais de estimação que salvaram a vida dos donos, sobre fiascos em reformas caseiras e sobre como vender joias antigas são uma garantia de distrair a plateia.

Dentre outros tópicos civilizados de conversa entre frequentadores de festas estão incluídos charadas filosoficamente provocadoras; canto de pássaros; técnicas de irrigação em jardim; os costumes duvidosos de hoje em dia; se o marrom é o novo preto; receitas de bolo de nozes; a popularidade dos romances em quadrinhos.

Algumas pessoas não deveriam ser convidadas ao mesmo tempo: bebês, corretores de imóveis e quem tem intolerância à lactose ou noivou recentemente.

Alguns dos seus mais encantadores e queridos amigos são estraga-festas e deviam ser convidados em separado, quando você pudesse dedicar sua atenção exclusivamente a eles. Por exemplo, não tire proveito de convidados muito viajados, que retornaram a pouco de uma excursão exótica ao estrangeiro — histórias sobre ruínas maias, tartarugas gigantes ou navegação em torno do Círculo Ártico perdem seu charme quando transplantadas para a sala de visitas. Por razões similares, não convide pais novatos, que só querem falar de seu bebê; mais de dois solteiros de mesma orientação sexual; ou seu chefe, o síndico do prédio e a gerente do banco onde você tem conta.

Em outras palavras, não convide estraga-prazeres que requerem excessiva atenção. Embora a palavra "entretenimento" sugira que o perfeito anfitrião deva ser capaz de sapatear ao longo do assoalho da sala, girar bastões, contar piadas e ir de convidado em convidado, partilhando seu bom humor, esse não é o caso. Uma festa noturna não é uma campanha de reeleição. Você não precisa ganhar o voto de ninguém para poder cumprir seu compromisso social. O que você necessita, entretanto, é oferecer a cada um de seus convidados um momento mágico para ser guardado.

> ## Dê uma festa: invoque um mundo mais perfeito do que aquele no qual acordaremos na manhã seguinte.

Nos anais da folia, todas as festas que foram mais extravagantemente coreografadas tiveram um toque de sonambulismo, como a prolongar tanto quanto possível a ilusão de um sonho. Anfitriões lendários, de Luís XIV a Martha Stewart, não pouparam gastos a fim de aumentar o prazer de seus convidados com geringonças fantasmagóricas: criaram palácios, feitos inteiramente de marzipã e açúcar-cande; penduraram em todas as árvores candelabros de espelho, em forma de castelo; fizeram caber uma orquestra inteira dentro de bolos enormes; soterraram os farristas em uma avalanche de pétalas de rosa; treinaram leões para dançar e, até mesmo, cantar; e convenceram leopardos a cavalgar nas costas de saltitantes unicórnios.

Mas tudo que você e eu precisamos fazer para reproduzir a mesma façanha é tratar nossos convidados como se todos eles fossem visitantes misteriosos, vindos de reinos distantes. Ou, para citar os hebreus do Antigo Testamento: "Não se esqueça de entreter os estrangeiros, pois, assim fazendo, muitas pessoas entretiveram os anjos, inesperadamente".

.13.

## amor

(COMO PERDER A CABEÇA)

Ao retornar de um almoço de negócios com um homem em cujo caso estava trabalhando, uma jovem advogada entrou em seu escritório, fechou a porta e suavemente bateu a cabeça contra a parede, lamentando-se. Caíra de amores pelo cliente! Embora estivesse mortificada, ela se sentiu viva, como há muito tempo não se sentia. Quaisquer tormentos amorosos que estivessem por vir, ela decidiu, eram preferíveis ao falso senso de tranquilidade que tivera no dia anterior.

Estar apaixonada é uma doce moléstia e, provavelmente, a única doença que sofremos alegremente.

De início, a paixão se manifesta como um acontecimento fisiológico com consequências físicas, não muito diferente da hipoglicemia ou, talvez, de um começo de gripe. Somente mais tarde você percebe que aquilo que a incomoda não é um mal-estar passageiro, mas algo totalmente diferente, algo improvavelmente terno e violento, os primeiros sintomas dessa enfermidade catastrófica a que chamamos "amor".

E realmente, meses mais tarde, em meio a um caso antiético que ela guardava em segredo até mesmo de sua melhor amiga, a situação da advogada ainda era deliciosamente desesperadora. As abafadas conversas telefônicas diárias com o amado exerciam o mesmo efeito sobre ela que os encontros sexuais clandestinos que mantinham. O som da voz dele fazia fluir substâncias químicas por todo seu corpo e a deixavam com a respiração curta, o coração disparado, a cabeça rodando, com tremores desde a parte interna dos joelhos até a ponta dos dedos dos pés.

**"Por que eu o amo?", você se pergunta. Você o ama porque alguém cuja simples presença a faz sentir-se viva merece sua devoção total.**

Se, naquela situação miserável, lhe fosse oferecida uma cura instantânea, será que ela tomaria o antídoto e esqueceria tudo aquilo? Em minha opinião, se tivessem escolha, pouquíssimas pessoas se privariam da experiência de se apaixonar — mesmo que isso significasse afogar-se em uma infusão de emoções conflituosas.

Mas, quando o amor chega, não cabe a nós decidir. A partir do instante em que somos enfeitiçados por essa condição bizarra, não temos escolha, a não ser seguir em frente. São fúteis as tentativas de calcular se o sujeito afortunado merece o incômodo — o Cupido jamais revela suas estratégias.

O amor é a resposta, dizem. O que ninguém lhe diz é que você será deixada a sós, lutando com a pergunta: o que eu amo mais, o objeto da minha patética afeição ou a irreprimível euforia que sinto como resultado de algum conluio hormonal absurdo? E o que vem primeiro, minhas emoções ou meus sentimentos, meu coração ou minha cabeça, minhas células ou meus neurônios?

Não saber ao certo a deixa louca, porém, a fim de descobrir, você está pronta para sofrer as piores inconveniências de estar temporariamente insana.

O suspense podia matá-la. O fato de não a matar é um dos maiores mistérios da vida. Nesse meio-tempo, consumida por pensamentos felizes ou assaltada por sentimentos feridos — ou ambos —, você é incapaz de mensurar a profunda transformação que está ocorrendo em seu interior.

Oh, benevolente Mãe Natureza, que inventou o amor como motivação para o crescimento pessoal! Sob o pretexto de amar outra pessoa, ela nos induz a amar a pessoa que, por acaso, somos.

Como a água, que escava vales sinuosos e profundos na terra, as fantasias românticas escavam vales profundos em nossa alma. Tão memoráveis quanto as eras geológicas — e tão intoleravelmente lentas —, as horas gastas na espera de se reunir ao amado vão transformando nossa paisagem interior ao erodir as formações rochosas primitivas do nosso ego.

> **Portanto, capitule — ame-o incondicionalmente: isso não diz respeito a ele, diz respeito a você.**

Através de um véu de lágrimas mornas, muitas vezes a vida parece incrivelmente bela. É provável que um maravilhoso sentimento de desgraça interrompa nossas mais angustiadas ruminações — enquanto ansiamos e nos consumimos por alguém cuja ausência lamentamos.

*Quando você está amando,*
*o mundo parece incrivelmente belo.*

Existe um estranho conforto em ser capaz de sentir-se afortunada, a despeito da tristeza. Ah, ser vulnerável e, no entanto, ser ao mesmo tempo esperta, divertida, tola, valente e perspicaz!

"Como pude ser tão insensível antes a ponto de não ver o trivial esplendor das coisas comuns?", admira-se você. Considerando que costumava estar de alguma maneira descontente com o seu destino, agora você se sente ridiculamente afortunada por notar, como se fosse a primeira vez, o desenho elegante da hera subindo por um muro de tijolos ou as flores minúsculas das ervas daninhas abrindo caminho entre as rachaduras da calçada.

E há mais tesouros a sua espera à medida que o tempo passa e você encontra consolo em sua melancolia: agora, não só é mais provável você ver grandeza naquilo que costumava chamar de mediocridade, mas também descobrir a beleza da música lírica, voltar-se para a leitura de poesia, achar que os homens mais velhos são mais atraentes, ser menos crítica com o guarda-roupa de sua mãe, desenvolver uma preferência pelos vinhos Côtes du Rhône em vez dos Bordeaux, e procurar os amigos que havia negligenciado. Mas o maior prazer que você obtém é saber que agora é capaz de sentir dor e, no entanto, oferecer amor em troca.

## Amá-lo é o mesmo que amar a si mesma — amar o amor que arde dentro de seu peito.

Entregue-se ao amor e, finalmente, torne-se sua melhor amiga. No final das contas, o tempo que passa sozinha consigo mesma é tão precioso para você quanto o tempo que passa sozinha com seu amado.

É um paradoxo, entretanto isso só faz você amá-lo ainda mais. Ele lhe deu o melhor presente de todos: dias cheios de deslumbramento, e noites também. Veja só, você se transformou no tipo de mulher que acolhe a insônia assim como acolheria uma visita de improviso do amado no meio da noite.

*Seu desejo ardente por ele logo se transforma em desejo ardente pela vida.*

Para sua própria surpresa, você se afeiçoa às primeiras horas da madrugada, aqueles momentos eternos em que você se move silenciosamente na escuridão, acariciando os cantos e ângulos à medida que transpõe seu caminho até a cozinha para se servir de um copo de água gelada e fitar interrogativamente a face impassível do relógio de parede.

## Apaixonar-se por um homem é apenas um prelúdio de apaixonar-se pela vida.

Como uma experiência transformadora, apaixonar-se loucamente está no mesmo nível da gravidez e do parto, de sobreviver a um forte terremoto, de ganhar um milhão na loteria, de contratar um arquiteto para projetar a casa dos seus sonhos, de comprar um Van Gogh, de salvar a vida de alguém, de aprender a tocar piano na idade adulta, de adotar uma criança e de viver o suficiente para assistir ao casamento de um neto.

Somente em retrospecto conseguimos descobrir o que essa erupção emocional significou: quando a tempestade química amaina — quando a afeição profunda faz companhia à paixão de combustão lenta —, você tem um novo emprego, um casamento melhor, um apartamento maior ou uma compreensão mais realista de quem você é e do que necessita.

Mas, apesar de ser provavelmente o mais comum dos milagres da vida, perder momentaneamente a cabeça é, sem dúvida, um empreendimento solitário. A paixão é uma das poucas ocasiões em que uma pessoa prevenida não vale por duas. A experiência dos outros não tem qualquer utilidade quando você se depara com uma situação similar.

Ironicamente, você está por sua própria conta no instante em que os lábios dele tocam os seus. Você não está iniciando um relacionamento — ainda não. O primeiro beijo é o começo de uma aventura solo, uma jornada que você precisa fazer sozinha.

**O amor a pega de surpresa, a menos que você se prepare para ele através de algumas surpresas preparadas por iniciativa própria.**

Em vez de se surpreender quando seus sentidos sequestram sua razão, dê ao seu impulsivo coração algumas lições inesperadas. Afaste-se das suposições seguras. Na verdade, adote o hábito de acolher alegremente os pequenos atrasos e contratempos, como um treinamento para um futuro romance.

Quando estiver em seu estado mais embriagado de amor, você se lembrará de se tornar mais despreocupada se tiver praticado de antemão pequenas travessuras.

Considere-se afortunada se for o tipo de pessoa propensa a sofrer acidentes — quem, por exemplo, derrama bebidas, trinca louças, espatifa espelhos e chega a festas no dia seguinte: provavelmente, você sobreviverá a um devastador caso de amor com sua dignidade intacta. Acostumada como está ao seu próprio comportamento estouvado, você será capaz de manter o senso de humor mesmo nas horas mais sombrias do seu caso de amor, seu *affaire de cœur*.

Mas aquelas dentre nós que têm menos probabilidade de acertar o martelo nos dedos ou esquecer onde o carro está estacionado, precisarão trabalhar duramente a fim de encontrar o espírito jovial necessário para superar os obstáculos que, certamente, encontrarão na busca por suas expectativas mais ardentes e ambições mais agradáveis.

*Apaixonar-se provoca a mesma descarga de adrenalina que observar objetos mergulhando em queda livre.*

Aprenda a não se levar tão a sério, se for possível. Comparável à gravidade zero no cérebro, a habilidade de ser tolo é a próxima melhor coisa para a ausência de peso sofrida pelos astronautas no espaço sideral. De acordo com cientistas da NASA, episódios de vertigens diminuem nossa percepção de tempo e tornam-nos menos propensos a sentir dor — dois valiosos recursos para amantes envolvidos em uma briga apaixonada com seus sentidos.

## Perder a cabeça é libertar o coração e experimentar um momento de leveza insana.

Nesta manhã, enquanto se atrapalhava para abrir o guarda-chuva, você deixou cair sua bolsa e parte do conteúdo espalhou-se pela calçada molhada. Você ficou aborrecida? Não, de início. Se tentar recordar cuidadosamente, verá que, no momento exato da queda, antes de sua bolsa atingir o chão, você experimentou a deliciosa vertigem de uma perda de controle passageira.

Apaixonar-se provoca a mesma descarga de adrenalina que observar objetos mergulhando em queda livre.

Tão benéfico quanto derrubar coisas é colocá-las fora de lugar. Lembra-se da última vez em que você pensou ter perdido seu celular — ou talvez que alguém o tivesse roubado — e ficou quase louca até finalmente encontrá-lo no bolso do roupão de banho? De novo, recorde o que sentiu quando seus dedos identificaram o objeto perdido: foi uma sensação tão inebriante quanto a breve náusea que você sente quando o avião, ao qual está bem presa, decola da pista e sobe sem esforço em direção às nuvens.

Você estar repentina e completamente apaixonada não é diferente de dar um suspiro de alívio ao ficar livre — livre da insignificância, da aflição ou da gravidade. Realmente, é com asas nos calcanhares que você corre para seu encontro amoroso — uma mulher aérea, viajando com o vento rumo à autorrealização.

❧

.14.

## família

(CHAVES PARA MELHORAR A CONVIVÊNCIA EM FAMÍLIA)

Em quase todas as famílias há uma menininha que é o xodó e a alegria de todos. Toda vez que seus tios, primos e avós olham para ela lembram-se de como são afortunados por serem seus parentes — e parentes uns dos outros.

Você a observa discretamente enquanto ela brinca com os bichinhos de pelúcia ou devaneia em frente ao prato de comida. Você toma o máximo cuidado para não olhar diretamente para ela: seria como olhar para o Sol durante um eclipse, tão intensa é a luz interior por trás de seu rostinho inocente. Às vezes, você se pergunta por que cada vez mais adultos deixam de usar óculos escuros quando estão ao lado de crianças: elas podem ofuscar sua visão de tão radiantes que elas são.

Por que algumas meninas entre 2 e 7 anos de idade têm o dom de alegrar seus parentes? Não sei. Muitas vezes isso tem a ver com a aparência delas, mas também tem a ver com sua inteligência, sua delicadeza ou, ao contrário, com seu dinamismo, sua determinação ou sua curiosidade destemida. Não tem muito a ver com laços sanguíneos: essas molecas podem ter sido adotadas ou acrescentadas à família, como enteadas. Possivelmente, a razão para provocarem esse efeito nos adultos tem a ver com a estrutura do nosso cérebro. É grande a probabilidade de sermos estruturados para ver em algumas meninas (futuras mães das próximas gerações) todo o potencial que desejamos para nós mesmas e nossa prole, e projetar nelas nossas aspirações.

Entretanto, algo nelas é tão genuíno que ninguém está imune ao seu charme, exceto seus pais e irmãos, que estão geralmente ocupados demais para apreciar essa fantástica habilidade de encantar as pessoas. Isto é uma boa coisa: se essas meninas forem mimadas, terão de renunciar seu papel de catalisadoras familiares em prol de alguns outros pequenos ingênuos.

Nada na vida se compara à alegria de encontrar intacta, em uma criança inocente, uma peça do insondável quebra-cabeça que é o destino da espécie humana. A graça passageira que a presença dela evoca é tão inescrutável quanto uma dessas enigmáticas fórmulas matemáticas que procuram desvendar o mistério do Universo. Mas como um mistério pode estar oculto, irreconhecível e, no entanto, interessado em bonecas, roupinhas de festa e gatinhos brancos?

## A família é um grupo cujos membros olham um para o outro indagativamente e se perguntam: "De onde eu vim?"

As árvores genealógicas crescem na vertical, mas o que lhes confere caráter são suas ramificações transversais. Quando as pessoas de um mesmo grupo se reúnem, elas se ramificam diagonalmente, unindo-se umas às outras na transversal a fim de formar alianças superficiais e não premeditadas.

Quando ocorre de menininhas não estarem ao redor para fazer você se sentir uma pessoa especial (enfim, elas crescem e se tornam pré-adolescentes típicas), outros membros da família preenchem a lacuna. Você descobre um afeto inesperado por uma ex-sogra, pela irmã do seu pai ou por um sobrinho criado na Austrália, mas cujos pais se mudaram recentemente para sua vizinhança.

Talvez você desenvolva algo que se possa chamar de amizade com alguns improváveis membros de sua família expandida. Mais do que dar graças antes das refeições ou partilhar reminiscências ao pé da lareira, o que torna gratificantes as reuniões familiares são esses olhares conspiratórios e de improviso que atravessam as divisões entre as gerações, além das fronteiras da família nuclear, em direção ao lado mais distante da galáxia do parentesco.

Pouco percebidos, raramente admitidos, esses breves momentos de empatia entre quase desconhecidos estão no âmago dos calorosos e indistintos sentimentos familiares. Eles elevam nosso espírito, embora durem menos de um segundo, tal como aquele rápido olhar divertido que uma tia e sua sobrinha trocam enquanto um primo em terceiro grau vangloria-se de uma transação imobiliária extremamente lucrativa, ou a prazerosa surpresa causada pela oferta espontânea do irmão de seu novo enteado para esvaziar a lava-louça.

## Os parentes que exigem mais atenção raramente são os que tornam memoráveis as reuniões familiares.

Uma bela irmã ou um genro rico, embora recebam os maiores elogios, não contribuem tanto para a festa como os excêntricos e os extravagantes. Será que sua família seria tão divertida sem seu sempre politicamente correto irmão (um doce de criatura, mas como é chato!); sem sua ardente sobrinha que, aos 25 anos, já se divorciou duas vezes; e sem sua sogra viúva cujo hábito de jogar causa estranheza?

Em toda família, mesmo o caçulinha é o parente favorito de alguém e a ovelha negra tem sempre um primo em segundo grau que a admira secretamente.

Não importa quão impopular você costume ser entre seus parentes mais próximos (talvez porque decidiu ser fisioterapeuta em vez de médica), tenha certeza de que, lá fora, há algum membro da sua família que gosta muito de você.

Vangloriar-se para tentar granjear o amor e o respeito de seus parentes distantes é contraproducente. Contar a eles que você foi premiada com uma medalha de ouro pela Sociedade dos Designers de Publicações também não vai adiantar. Talvez consiga um elogio, mas não a afeição. Não tente bajular uma velhinha que equipara casamento à felicidade, ou impressionar um sobrinho cuja propriedade mais preciosa é um *skate* quebrado.

*Em quase todas as famílias há uma menininha*
*que é pura alegria.*

Seus parentes não precisam saber que você é uma competente gerente de fundos de derivativos, uma musicista talentosa ou uma brilhante publicitária. Mantenha para si suas estelares realizações profissionais. Tente adaptar-se em vez de se destacar.

## Sua família é um abrigo no qual você se esconde quando está cansada de ser incrível no mundo exterior.

Suas lembranças mais felizes da infância incluem frenéticas celebrações de férias, quando os adultos estavam ocupados demais para prestar atenção em você, que podia então sumir de vista e ficar brincando indefinidamente com os primos no quintal ou no salão de jogos. Relembre, quando passar despercebida durante algumas horas era algo maravilhoso, uma folga na obrigação de ser o orgulho e alegria do papai ou a queridinha da mamãe.

Passar despercebida hoje em dia ainda pode ser uma fonte de doce satisfação: os encontros de família não são reuniões de classe. Em lugar de tentar brilhar entre seus pares, é mais divertido e menos exigente juntar-se às gerações mais jovens.

Experimente a alegria de ser capaz de afagar uma bebezinha de seis meses, babona e agitada, usando brinquinhos de pérola, que todos dizem ser muito parecida com você. Vestir-se formalmente para ficar sentada em um auditório escolar meio vazio a fim de ouvir seu sobrinho tocar guitarra e cantar *Hang Down Your Head, Tom Dooley*. E fazer planos para levar sua neta a Paris no aniversário de 16 anos dela — só vocês duas — a fim de visitarem as catacumbas e patinarem no gelo sob a Torre Eiffel.

Estar em contato com os adultos de sua família talvez requeira que você seja a afável irmã em vez da fêmea alfa. Pode ser que, para o bem de todos, você ache mais confortável deixar de lado o seu ego. Experimente a prática de renunciar ao controle na próxima vez em que surgir a oportunidade de ir a uma festa de aniversário cujo tema são os anos 1980, convidada por uma prima em terceiro grau que você mal conhece. Às vezes você não tem a furtiva sensação de que sua família foi inventada apenas para testar seu senso de humor?

## Somente com seus parentes você consegue saborear os doces e amargos absurdos da vida.

Enquanto vai acumulando milhagens — as reuniões familiares são o segmento que mais cresce no ramo de viagens —, você também está ampliando bilhões de vezes a sua rede de contatos.

Realmente, a interconexão familiar lembra a interconexão entre as células de nosso cérebro cuja complexa e tridimensional arquitetura de informação permite que cada um de seus 100 bilhões de neurônios esteja a apenas quatro passos um do outro. Assim também você e eu, pois nossos parentes, os parentes de nossos parentes e os parentes dos parentes deles jamais estão a mais de quatro graus de separação em relação a qualquer das seis bilhões de pessoas do planeta.

Portanto, nunca mais peça desculpas por seus parentes. Reserve um tempo de sua vida para sua tia e sobrinho favoritos e até mesmo para os detestáveis filhos gêmeos e o marido *nerd* de sua irmã. Cada um deles é um portal para centenas de milhares de pessoas cujos nomes você nunca saberá, mas que, todavia, são seus primos distantes.

Dentre eles está um professor do Chile, um mestre em artes marciais que emigrou da Japão para o sudeste do Brasil, um policial de Los Angeles, o capitão de um navio da França, um estudante de medicina do Ceilão e a adorável menina de 5 anos que mora na casa ao lado.

⁂

.15.

*vida*

(A ARTE DE SER AFORTUNADA)

HÁ dois tipos de sorte, e você quer ambos. O primeiro está relacionado com o que você tem (uma ótima casa, um marido encantador, um bom emprego), enquanto o segundo está relacionado com o que você não tem (uma doença terminal, uma ação judicial, um filho doente).

O primeiro tipo de sorte pode ser descrito como a busca da felicidade, enquanto o segundo é um manancial no qual sempre podemos experimentar instantaneamente a mais pura alegria.

Assim como todos nós esperamos aqueles desejáveis quinze minutos de fama que, supostamente, está vindo ao nosso encontro, por que não tentar vivenciar a sorte no tempo presente?

Por que não dizermos neste exato momento: "eu tenho sorte", em vez de esperar que a fortuna sorria para nós para então dizermos: "eu tive sorte", no pretérito?

Sem dúvida, o primeiro tipo de sorte ocorre apenas em retrospecto, no espelho retrovisor da mente, como um mecanismo redentor que dá sentido a tudo que aconteceu antes, enquanto o segundo tipo de sorte é imediato, conveniente e também democrático.

Nenhum *status* especial é necessário para você entrar em êxtase ao saber que, afinal, não tem câncer nem deve impostos atrasados para o governo.

Mas, se for proativa em relação a isso, você pode se sentir tão afortunada quanto alguém que recebeu recentemente aquela boa notícia há muito aguardada sem, contudo, ter de suportar o período anterior de extrema ansiedade.

Você pode sentir-se afortunada exatamente agora por não ter nascido, por exemplo, em um país onde as mulheres não possuem direitos legais. Também pode sentir-se afortunada por causa de pequenas graças, tais como não ter herdado o mau gênio de seu pai ou não se sentir ameaçada quando encontra pessoas mais inteligentes ou mais ricas que você.

## Sentir-se afortunada por não ser outro alguém é a máxima realização.

As pessoas com graves deficiências são frequentemente dotadas de uma forma de coragem bastante extraordinária. Elas confessam que se sentem afortunadas por estarem vivas, apesar de lhes faltar as oportunidades que o restante de nós assume como garantidas.

Que isso nos sirva de lição.

Para ter sorte o tempo todo, talvez tudo que precisemos fazer seja ver as nossas mais confortáveis suposições como uma deficiência. Na verdade, somos deficientes quando assumimos que ser famoso, por exemplo, é uma vantagem. Ou que o sucesso pode ser medido pela aprovação dos outros. Ou que precisamos merecer para termos sorte.

Se não confunde sorte com meritocracia, você jamais precisará fingir que é melhor do que realmente é. Ao jornalista que lhe telefonará quando, depois de uma longa espera, você se tornar famosa (como certamente ficará), você vai explicar que o sucesso foi, na realidade, acidental. Durante a entrevista telefônica, você vai delicadamente diminuir a importância de suas conquistas pessoais. Como prova de que sua boa fortuna veio por puro acaso, você vai orgulhosamente alardear seus defeitos passados — os penteados horríveis, os namorados esquisitos, os anos escolares malfeitos, os problemas recorrentes de peso e, até mesmo, a tendência a dirigir rápido demais.

Enfim, isto é o que a fama dará a você: não o reconhecimento público, mas o direito de clamar alegremente quem você é — o direito de dizer: "Eu tenho sorte por não ser alguém que eu não sou".

> Acreditamos que nossa felicidade depende de obtermos oportunidades favoráveis, embora estar vivos já é a maior oportunidade favorável que conseguiremos obter.

Todavia, você e eu não conseguiremos usufruir as vantagens de nossa situação afortunada no planeta a menos que questionemos a noção popular de que sorte equivale a sucesso e de que fortuna é sinônimo de fama.

Ser afortunada, por exemplo, é algo que a protege, enquanto ser bem-sucedida reforça sua sensação de vulnerabilidade. Mesmo que seu nome resulte em 149 mil entradas no Google, talvez você ainda se pegue, em uma manhã, sentada na borda da banheira e pensando se sua vida tem sentido.

Mesmo que tenha um monte de dinheiro no banco, ao fazer uma retirada no caixa eletrônico, você vai reparar nos tendões, nas veias azuis e nas rugas que aparecem nas costas de suas mãos.

E mesmo que viaje somente de primeira classe, ainda assim você tem a sensação de ter sido deixada para trás ao ver um bando de gansos voando para o sul em pleno céu azul.

O sucesso é uma invenção moderna cujo principal efeito é fazer com que o mais autoconfiante dentre nós sinta-se às vezes bastante solitário.

Na limusine que a levará para a gravação do *The Oprah Winfrey Show* — nesse dia você será a única convidada de destaque —, você estará ao telefone com o professor da quarta série, discutindo o mau comportamento do seu filhinho em classe. E quando, um mês mais tarde, você se vê sentada perto de Jodie Foster em um almoço de caridade, ficará mortificada ao perceber que é a única mulher à mesa que não fez as unhas especialmente para a ocasião.

## Se você tem a sorte de ser feliz, talvez deva evitar ser bem-sucedida.

As palavras inglesas *happiness* (felicidade) e *happening* (acontecimento) têm a mesma raiz, a antiga palavra escandinava *happ*, que significa "boa sorte" ou "acaso feliz". Para os ferozes *vikings*, a palavra "felicidade" não era sinônimo de contentamento, mas de prosperidade e sucesso. Somente mais tarde, os três conceitos, de felicidade, sorte e sucesso, evoluíram e passaram a ser três coisas diferentes.

Ainda hoje a confusão perdura na imaginação popular. Assim, só nos resta assumir que os golpes de sorte conduzem à felicidade. Ignoramos os casos que nos alertam a respeito de ganhadores da loteria cuja vida pessoal foi arruinada pela riqueza, ou as reportagens de tabloides sobre pessoas glamourosas destruídas pelos efeitos da fama sobre seus egos.

Assim, naturalmente, você e eu exultamos no dia em que nosso companheiro recebe uma bela promoção, porém estamos despreparadas para enfrentar as consequências. Ficamos magoadas — e genuinamente surpresas — quando, uma semana mais tarde, ele, de modo pouco característico, esbraveja conosco porque nos esquecemos de pegar suas camisas na lavanderia.

Na alegria e na tristeza, na saúde e na doença, na riqueza e na pobreza... quando juntamos nossos trapos, fazemos o voto de permanecer um ao lado do outro, dando-nos apoio naquilo que imaginamos de pior — sem perceber que, ao contrário, devíamos nos dar apoio no melhor.

## Quando tentamos atingir um feliz equilíbrio entre vida e trabalho, o sucesso é o maior obstáculo.

O sucesso pode separar vocês. Seu companheiro tem de limpar a caixa de areia do gato quando você está fora, numa coletiva de imprensa. Ele lhe dá flores em seu aniversário, mas, no dia seguinte, você se presenteia com um anel de brilhantes. Suas duas sessões semanais com seu *personal trainer* custam mais que as visitas dele ao terapeuta nas terças-feiras.

Ou, talvez, seja o oposto. Ele espera que você supervisione a reforma do *closet*, no dormitório de vocês, que precisa ser aumentado para acomodar sua extensa coleção de ternos. Ele liga para você de Hong Kong, no meio da noite, a fim de lhe pedir para desmarcar uma consulta ao dentista. Ele adormece enquanto você lhe descreve a conversa que teve com uma amiga de infância que reencontrou.

Por último, mas não menos importante, vocês já não gostam mais dos mesmos filmes.

Isso a deixa nostálgica, por conta dos dias em que a felicidade significava dividir o mesmo guarda-chuva; usar tigelas, na falta de pratos; e tomar o transporte público até o teatro, em vez de tomar um táxi.

Você se sentia afortunada então, quando o que vocês não tinham não estragava o prazer de estarem juntos, embora fossem tão duros que não podiam comprar cerveja com a pizza e dormiam em um sofá-cama de segunda mão, no terceiro andar de um prediozinho sem elevador.

*Você não tem controle sobre o que obterá da vida, mas pode aprender a ser afortunada, apesar disso.*

**Somente quando rejeita os clichês sobre o sucesso, você terá sorte suficiente para, enfim, ser muito afortunada.**

Se lhe fosse dada a oportunidade de descrever o cenário perfeito para uma vida afortunada, um cenário em que você obtivesse tudo o que queria, provavelmente não conseguiria criar um enredo satisfatório.

Os roteiristas dizem que raramente conhecem os detalhes de uma trama antes de escrevê-la. Mesmo quando fazem um esboço, o resultado final dificilmente segue a sinopse original. Seus melhores roteiros acontecem quando eles permitem que os personagens ficcionais vão improvisando à medida que a história se desenvolve.

Da mesma maneira, você não consegue controlar o que obterá da vida, porém pode aprender a ser afortunada, apesar de tudo. O truque é ser tão organizada que, quando do alguma coisa der errado em seu programa, só restará à Dona Sorte pôr as cartas dela na mesa.

A melhor estratégia é encarar a vida como uma viagem, a felicidade como uma aventura e "ter tudo" como uma ousada expedição em busca da Terra de Oz.

**Ao aprendermos a ter sorte, a viagem é a metáfora preferida.**

Reserve de antemão suas escolhas na vida, da mesma maneira como reserva passagens de avião, aluguel de carros, hotéis e excursões. Determine, logo no início de sua carreira, se sua intenção é ter independência financeira ou casar-se com um homem rico; unir-se às fileiras da elite profissional ou ser do tipo doméstico; adiar a vinda da cegonha ou encontrar um emprego de meio expediente. Depois aperte o cinto de segurança e fique firme, conforme observa sua trajetória mudar de curso.

Não é uma má ideia viajar ao estrangeiro antes de dar o primeiro passo no caminho da vida, de modo a experimentar diretamente o que ocorre quando uma falha em seguir um roteiro bem planejado transforma umas férias comuns em uma aventura que muda nossa vida.

Na noite anterior a um passeio no Rio de Janeiro, Barcelona, Istambul ou Florença certifique-se de examinar cuidadosamente o mapa da cidade a fim de localizar os vários monumentos que você quer visitar. Estude o sistema metroviário e as rotas alternativas de ônibus. Anote os horários dos passeios guiados e os endereços exatos dos museus e restaurantes recomendados por amigos.

Estar preparada lhe dá uma confiança adicional, da qual você precisará para assumir riscos calculados: demorar-se na mesa do almoço; deixar-se seduzir por uma atração à margem da estrada; tentar um atalho e insistir em que não se perdeu, apesar de estar perambulando há quarenta minutos por um bairro onde os moradores estendem a roupa lavada em varais pendurados de um lado a outro de ruelas estreitas.

É nessas horas que, normalmente, a sorte lhe sorri. O "ponto da virada" será provavelmente uma estranha coincidência. De modo totalmente acidental, em uma pequena capela você se depara com um afresco menos conhecido de Piero della Francesca, que, surpreendentemente, acontece ser, sem sombra de dúvida, sua pintura favorita da era de ouro da Renascença italiana. Ou, enlouquecida, você se defronta com um apartamento projetado pelo arquiteto e designer Mallet-Stevens, o mesmo apartamento que estava na capa da revista de bordo que você folheou na viagem de vinda.

Quando a casualidade prepara algo preciso e pessoal, você sabe que está no caminho certo.

A sorte é uma premonição. Embora não saiba o que vai acontecer a seguir, você sente que assegurou as bênçãos dos deuses.

Em uma viagem, fique longe da confusão dos destinos turísticos; só então terá a oportunidade de se deparar com um pequeno bistrô *art nouveau* aonde, dali a cinco anos, você retornará com seu namorado e ele a pedirá em casamento.

Na vida, somente quando você se arrisca a estar um pouco errada, as coisas finalmente dão certo.